Deutsch Aktuell 3

Fourth Edition

Workbook

Shawn C. Jarvis

Isolde Mueller

Roland H. Specht

EMC/Paradigm Publishing, St. Paul, Minnesota

Registered trademarks—Netscape Navigator is a trademark of Corel Corporation.

The Internet is a fast-paced technology, and Web pages and Web addresses are constantly changing or disappearing. You may need to substitute different addresses from the ones given in the activities throughout this workbook.

The publisher would like to thank the following sources for granting permission to reproduce certain material on the pages indicated:

Austrian National Tourist Office: 92
Bad Lauterberg Information: 158
Corel©: 1, 3, 8, 13, 14, 21, 82, 86, 97, 98, 101, 121, 142, 143, 167, 191
Deutsche Bahn: 9
Deutsches Erdölmuseum Wietze: 118 (bottom right)
Eberswalde-Finow-Information: 184
Fremdenverkehrsamt Gemeinde Geeste: 26
Fremdenverkehrsverein Egloffstein: 2
Fremdenverkehrsverein Wiefelstede: 26
German Information Center: 186
Harzer Verkehrsverband e.V: 15
Heimatverein Gräfenwöhr e.V.: 114, 118 (top center)
Inter Nationes: 32, 33 34, 40, 50, 51, 67, 76, 131, 194
Kängeruh-Mitfahrzentrale: Stuttgart: 74
Kultur- und Fremdenverkehrsamt Neuburg: 118 (bottom left)
Kulturamt der Stadt Ingolstadt: 36, 51, 54, 55, 80, 88, 110, 134, 138, 140, 141, 152, 153, 163,164, 168, 172, 173, 179, 195
Landesfremdenverkehrsverband Bayern e.V.: 5, 119 (top left and right), 196-197
Landesverkehrswacht Bayern e.V.: 47
Quedlinburg Information: 157
Salzburg Information: 118 (top right)
Stadt Burgkunstadt: 118 (top left)
Switzerland Tourism: 45, 46, 142, 143
Tirol Info: 70
Tourismus Information Kiel. e.V.: 101
Touristeninformation der Stadt Schleswig: 30
Verkehrsamt Haren (Ems): 26
Verkehrsverband Chiemsee e.V: 6
Verkehrsverein Aachen e.V.: 12
Verkehrsverein Bielefeld: 132
Verkehrsverein Celle e.V.: 119 (top center)
Verkehrsverein der Freien Hansestadt Bremen: 108, 111
Vorarlberg-Tourismus: 118 (bottom center)
Wiener Tourismusverband: 93

ISBN 0-8219-1775-7

© 1999 by EMC Corporation

Published by EMC/Paradigm Publishing
875 Montreal Way
St. Paul, Minnesota 55102
(800) 328-1452
http://www.emcp.com
E-mail: educate@emcp.com

Printed in the United States of America
    7 8 9 10 XXX

Kapitel 1

1 *Weledas Brief.* Nachdem Weleda Kali kennen gelernt hat, schreibt sie einen Brief an ihre gute Freundin Elwira, die in Wien in der Nationalbibliothek lebt. Sie möchte ihr von Kali erzählen, wie er aussieht, was er tut und so weiter. Hier ist der Anfang des Briefes. Schreiben Sie ihn zu Ende!

Liebe Elwira,

liebe Grüße aus der Midgard! Ich hoffe, dass es dir in deiner Bibliothek gut geht. Heute muss ich dir etwas Interessantes erzählen. Seit heute wohnt ein kleiner Kobold bei mir! Der Kobold...

_____

_____

_____

_____

_____

_____

_____

_____

_____

2 *Beliebte und unbeliebte Geschenke!*
Vor dem Lesen:
**Schreiben Sie eine Liste mit den Geschenken, die
Sie gern bekommen und Geschenken, die Sie nicht
gern bekommen!**

Beliebte Geschenke	Unbeliebte Geschenke

Lesen:
Lesen Sie den Artikel über unbeliebte Geschenke!

IN KÜRZE

Unbeliebte Geschenke
Haushaltsgegenstände sind die unbeliebtesten
Weihnachtsgeschenke bei den Deutschen. Jeder
fünfte gab bei einer Umfrage an, dass er sich über
solche Präsente nicht freut. Kleidungsstücke lösen
bei 14 Prozent der Befragten keine Freude aus.

1. In dem Text steht, dass Haushaltsgeschenke die unbeliebtesten Geschenke sind.
    Geben Sie ein Beispiel für ein Haushaltsgeschenk!

    _____

2. Kleidungsstücke sind auch nicht sehr beliebt. Schreiben Sie Beispiele für
    Kleidungsstücke!

    _____

Nach dem Lesen:
1. Gehören die Sachen in Ihrer Liste auch zu den Sachen im Artikel? Wenn ja,
    welche haben Sie geschrieben?

    _____

2. Warum sind Haushaltsgeschenke und Kleidungsstücke nicht sehr beliebte
    Geschenke? Erklären Sie!

    _____

3 *Ergänzen Sie den Dialog!* Martina bekommt ein Geschenk, das ihr nicht besonders
gefällt. Jana hat aber lange nach diesem Geschenk gesucht und teuer war es auch.

Jana: Alles Gute zum Geburtstag!

Martina: _____.

Jana: Hier ist dein Geschenk.

Martina: _____.

Jana: Gefällt es dir nicht?

Martina: _____.

Jana: Es ist eine Kaffeemaschine!

Martina: _____.

Jana: Du trinkst keinen Kaffee! Das habe ich nicht gewusst.

Martina: _____.

Jana: Vielleicht kann ich es morgen zum Geschäft zurückbringen. Dann kaufe ich dir ein neues Geschenk!

Martina: _____.

4 *Aufsatz!* **Hier ist eine Liste, die Sabine für ihre Deutschklasse geschrieben hat. Jetzt will sie versuchen, mit Hilfe ihrer Liste einen Absatz *(paragraph)* über ihr Wochenende zu schreiben. Dazu will sie *und, aber, denn* benutzen. Helfen Sie ihr!**

wir: in das Kaufhaus gegangen; wir: wollten einkaufen
ich: einen Mantel gesucht; Edith: eine Tasche gekauft
ich: keinen Mantel gefunden; ich: ein T-Shirt gekauft
Edith: dann ein Restaurant gesehen; wir: dort essen gegangen
wir: ins Kino gegangen; wir: mochten den Film nicht
Edith: wollte noch ausgehen; ich: musste nach Hause

Hier ist der erste Satz. Schreiben Sie den Rest!
Heute habe ich meine Freundin Edith besucht. Wir sind in das Kaufhaus gegangen, denn wir wollten einkaufen.

_____

_____

_____

_____

_____

_____

_____

5 *Kalis erste Tage in der Midgard.* Setzen Sie *ob, weil,* oder *dass* ein! Manchmal ist mehr als eine Antwort möglich.

1. _____ Kali im Computer stecken geblieben ist, hat er Weleda kennen gelernt.

2. Kali weiß noch nicht, _____ er lange in der Midgard bleiben wird.

3. Kali findet, _____ Weleda eine interessante Person ist.

4. Kali ist sehr erstaunt, _____ er noch nie so viele Bücher gesehen hat.

5. Kali fragt Weleda, _____ sie ihm nicht die Zeitmaschine zeigen kann.

6. _____ Kali viele Fragen stellt, wird Weleda müde.

7. Kali freut sich, _____ Weleda und er eine Zeitreise machen werden.

6 *Ausreden!* Hier sind die Anfänge von Ausreden. Schreiben Sie sie zu Ende! Passen Sie auf, wohin das Verb kommt!

1. Ich konnte leider meine Hausaufgabe nicht machen, weil _____

_____

2. Ernst kann nicht kommen, denn _____

_____

3. Wir konnten dir kein Geschenk kaufen, da _____

_____

4. Jessica möchte heute bei der Hausarbeit helfen, aber _____

_____

5. Du kannst heute nicht dein Zimmer putzen, sondern _____

_____

6. Werner und Hans wollen nicht, dass _____

_____

7. Ich hatte keine Zeit zu arbeiten, weil _____

_____

8. Ihr versucht zu kommen, aber _____

_____

1. Wie viele Bäder gibt es auf der Insel?

   _____

   _____

2. Nennen Sie zwei Geschäfte, die es auf der Insel gibt.

   _____

   _____

3. Wo können Kinder spielen?

   _____

   _____

4. Wo kann man ein Boot mieten?

   _____

   _____

5. Wo kann man seine Briefe abschicken?

   _____

   _____

6. Wo kann man hingehen, wenn man ausgehen möchte?

   _____

   _____

7. Wo kann man Sport treiben?

   _____

   _____

9 *Vor dem Schreiben.* Sie haben von einer Reise an einen See gelesen. Machen Sie eine Liste mit all den Aktivitäten, die man an einem See machen kann.

_____

_____

_____

_____

_____

_____

10 *Schreiben.* Jetzt sind Sie an der Reihe! Sie verbringen gerade eine Woche an einem See bei Ihnen in der Nähe. Schreiben Sie an Ihren Freund in Deutschland, was Sie dort so alles machen!

Name _____ Datum _____

11 *Reisen für junge Leute!* Lesen Sie diesen Text und beantworten Sie die Fragen!

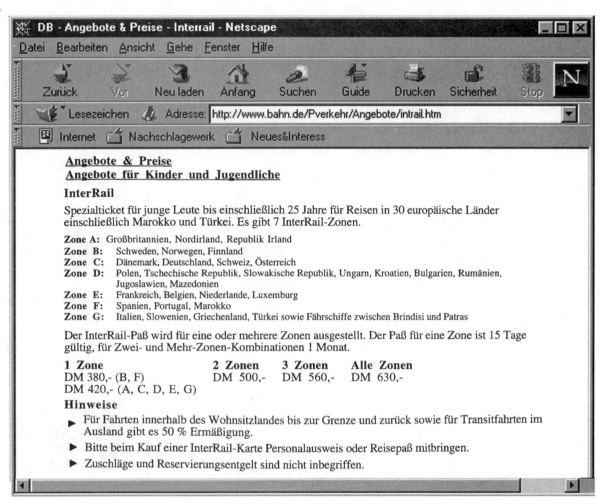

Angebote & Preise
Angebote für Kinder und Jugendliche

InterRail

Spezialticket für junge Leute bis einschließlich 25 Jahre für Reisen in 30 europäische Länder einschließlich Marokko und Türkei. Es gibt 7 InterRail-Zonen.

Zone A: Großbritannien, Nordirland, Republik Irland
Zone B: Schweden, Norwegen, Finnland
Zone C: Dänemark, Deutschland, Schweiz, Österreich
Zone D: Polen, Tschechische Republik, Slowakische Republik, Ungarn, Kroatien, Bulgarien, Rumänien, Jugoslawien, Mazedonien
Zone E: Frankreich, Belgien, Niederlande, Luxemburg
Zone F: Spanien, Portugal, Marokko
Zone G: Italien, Slowenien, Griechenland, Türkei sowie Fährschiffe zwischen Brindisi und Patras

Der InterRail-Paß wird für eine oder mehrere Zonen ausgestellt. Der Paß für eine Zone ist 15 Tage gültig, für Zwei- und Mehr-Zonen-Kombinationen 1 Monat.

1 Zone	2 Zonen	3 Zonen	Alle Zonen
DM 380,- (B, F)	DM 500,-	DM 560,-	DM 630,-
DM 420,- (A, C, D, E, G)			

Hinweise

► Für Fahrten innerhalb des Wohnsitzlandes bis zur Grenze und zurück sowie für Transitfahrten im Ausland gibt es 50 % Ermäßigung.

► Bitte beim Kauf einer InterRail-Karte Personalausweis oder Reisepaß mitbringen.

► Zuschläge und Reservierungsentgelt sind nicht inbegriffen.

1. In welchem Alter kann man kein InterRail Ticket mehr kaufen?

_____

2. In welcher Zone kann man mit einem Schiff fahren?

_____

3. Sie wollen nach Großbritannien, Nordirland und Irland fahren. Wie lange können Sie den InterRail Pass benutzen?

_____

4. Sie wollen in den Süden Europas reisen und wählen deshalb die Zonen F und G. Wie lange können Sie Ihr InterRail Ticket benutzen?

_____

5. Was brauchen Sie außer Geld, wenn Sie ein InterRail Ticket kaufen wollen?

_____

6. In welcher Zone sind die deutschsprachigen Länder?

_____

12 *Schilder!* Erklären Sie sie!

Beispiel:

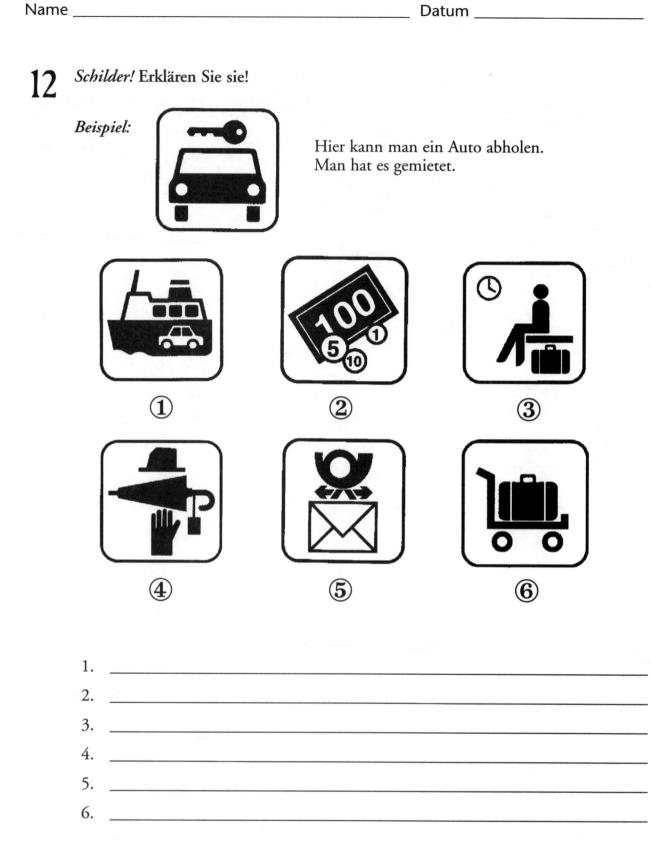

Hier kann man ein Auto abholen.
Man hat es gemietet.

1. _____

2. _____

3. _____

4. _____

5. _____

6. _____

13 *Surfkalender!* Hier ist eine Seite aus Kalis Reisetagebuch. Er macht Pläne, wohin er heute, morgen oder übermorgen surfen will. Schreiben Sie auf, wo Kali an welchem Tag ist!

heute	morgen	übermorgen
9 Uhr: Web-Seite für Zeitreisen	Frühstück mit Weleda	10 Uhr: Web-Seite über neue Computerprodukte
Pause!	12 Uhr 30: Web-Seite für weise Frauen	Etwas schlafen!
19 Uhr: Web-Seite über Unfälle beim Internetsurfen	16 Uhr: Web-Seite für Koboldfamilien	17 Uhr: Web-Seite für Kobolde
23 Uhr: Web-Seite über die ältesten Bibliotheken der Welt	Früh ins Bett!	Mit Weleda ins Kino gehen!

Beispiel: Morgen Nachmittag surft Kali zu einer Web-Seite für Koboldfamilien.

1. _____

   _____

2. _____

   _____

3. _____

   _____

4. _____

   _____

5. _____

   _____

6. _____

   _____

14 *Der Artikel im Internet.* Nachdem Weleda ihm so viel über Karl den Großen und Aachen erzählt hat, surft Kali im Internet, weil er mehr über diese Stadt wissen will. Hier ist der Artikel, den er findet. Beantworten Sie die Fragen!

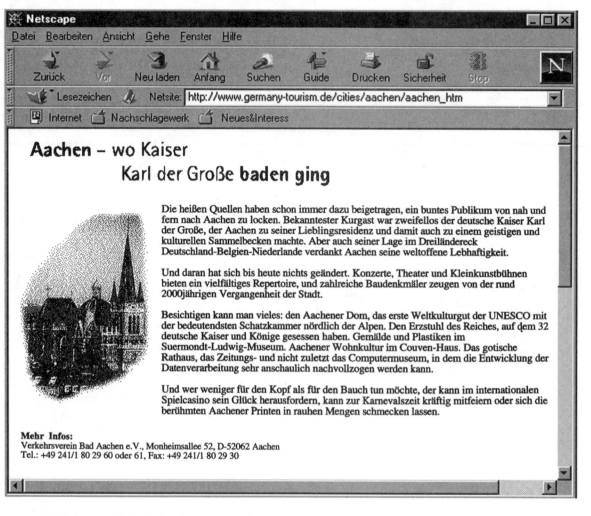

1. Welche zwei Länder liegen in der Nähe von Aachen?

_____

2. Wie alt ist Aachen?

_____

3. Wer war ein berühmter Gast in Aachen?

_____

4. Was kann man am Abend in Aachen machen?

_____

5. Welche Kirche besuchen viele Touristen?

_____

15 *Auf einer Geburtstagsparty.* Welche der folgenden Sätze kann man auf einer Geburtstagsparty hören? Machen Sie ein „X" davor!

_____ 1. Das Gras ist viel zu hoch!

_____ 2. Dieses Geschenk gefällt mir aber gut.

_____ 3. Alles Gute zum Geburtstag!

_____ 4. Wann essen wir denn endlich den Kuchen?

_____ 5. Hast du schon meine Hose gewaschen?

_____ 6. Hast du dich für die vielen Geschenke bedankt?

_____ 7. Ich muss jetzt das Auto reparieren.

16 Schreiben Sie noch vier Sätze, die man auf einer Geburtstagsparty hören kann!

_____

_____

_____

_____

17 *Vier Geburtstagskarten!* Welche Karte wollen Sie an wen schicken? Schreiben Sie warum!

Beispiel: Ich schicke die erste Karte an meine Tante Anita. Sie hat Katzen gern.

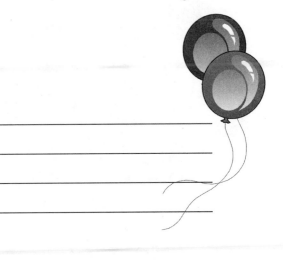

18 *Isabella Schneider macht Urlaub!* Sie will in den Harz fahren, weil es dort interessante Eisenbahnen gibt. Hier ist ein Teil eines Prospekts, den sie vor ihrer Reise liest. Beantworten Sie die Fragen!

Die Harzer Schmalspurbahnen

Die Harzer Schmalspurbahnen zeichnen sich im Vergleich mit anderen „kleinen" Bahnen durch einige Superlative aus: So haben die heute unter Denkmalschutz stehenden Bahnen mit 132 Kilometern das längste Streckennetz Deutschlands vorzuweisen und der Brockenbahnhof liegt zudem auf dem höchsten Gipfel Deutschlands. Im Verlauf der drei Strecken werden über 400 Brücken, Wasserdurchlässe und Überführungen sowie der einzige Tunnel aller Schmalspurbahnen Deutschlands passiert.

In den vielen schmalen Tälern des Harzes beschreiben die Gleise unzählige Bögen. Allein zwischen Steinerne Renne und Drei Annen Hohne durchfahren die Züge der Harzquerbahn schon 72 Kurven. Der kleinste Bogenradius beträgt hier nur ganze 60 Meter. Viel Arbeit leisten Lokführer und Heizer aber vor allem auf den langen Bergfahrten; bei großen Steigungen wird von Mensch und Maschine alles abverlangt.

Für die Abwicklung des Reisezugverkehrs stehen den Harzer Schmalspurbahnen 25 Dampf- sowie 10 Diesellokomotiven zur Verfügung. In der Regel bedienen die 17 Dampfloks aus den 50er Jahren den fahrplanmäßigen Zugbetrieb, der über das ganze Jahr zwischen allen 35 Bahnhöfen und Haltepunkten herrscht. Von besonderer Kostbarkeit jedoch sind die 8 historischen, teilweise aus dem Jahr 1897 stammenden Dampflokomotiven.

Neben den regulären Verbindungen finden auch außerplanmäßige Fahrten statt. So stehen Sonderzüge für 200 Personen bereit sowie der Traditionszug für 150 Personen und der Triebwagen für 25 Personen.

Herausgeber:
Harzer Schmalspurbahnen GmbH
Forkestraße 17 · 38855 Wernigerode
Tel.: (03943) 32074
Fax: (03943) 32107

Informationsbüro
Bf. Wernigerode Westerntor
Unter den Zindeln
38855 Wernigerode
Tel.: (03943) 33036

Informationsbüro
Bf. Nordhausen Nord
Bahnhofsplatz 3a
99734 Nordhausen
Tel.: (03631) 3825

Informationsbüro
Bf. Gernrode (Harz)
Bahnhofstraße 1
06507 Gernrode
Tel.: (039485) 309

1. Wo ist der Brockenbahnhof?

   _____

2. Wie viele Strecken gehören zu den Harzer Schmalspurbahnen?

   _____

3. Wie viele Tunnel gibt es für Schmalspurbahnen in Deutschland?

   _____

4. Wie viele Lokomotiven haben die Harzer Schmalspurbahnen?

   _____

5. Wann kann man mit den Schmalspurbahnen fahren?

   _____

6. An wie vielen Orten halten die Harzer Schmalspurbahnen?

   _____

7. Wann hat man die älteste Lokomotive der Harzer Schmalspurbahnen gebaut?

   _____

19 *Finden Sie ein Wort!* Schreiben Sie auf, was auf dem Bild ist. Danach nehmen Sie den angegebenen *(given)* Buchstaben und schreiben ihn in die Lücke. Am Ende ergeben die Buchstaben ein Wort aus dem Kapitel. Schreiben Sie alle Buchstaben groß!

Beispiel:

① ⚽	B	BALL _____
② 🏠	A	HAUS _____
③	H	BOHNEN _____
⑥	N	BALKON _____

Kapitel 2

1 **Lesen Sie die Geschichte!**

Eines Nachmittags sprachen Kali und Weleda über die Geschichte von Deutschland. Kali wusste ja nicht, dass es in der jetzigen Form Deutschland erst seit dem 3. Oktober 1990 gab. Er hatte immer gedacht, dass es Deutschland schon seit vielen Jahrhunderten und immer so gegeben hat, wie es heute ist: mit sechzehn Ländern und etwa 80 Millionen Einwohnern. Da hatte Weleda eine ganz tolle Idee! Sie wollte mit Kali ins Jahr 1989 reisen und ihm zeigen, wie die Berliner Mauer fiel und wie die Deutsche Demokratische Republik ins Wanken geriet *(began to fall apart)*. Sie versprach Kali, dass sie am Brandenburger Tor auf der Pressetribüne sitzen und sich die Mauer ansehen würden. Sie wollte aber zuerst zur Humboldt Universität im Osten. Sie versprach ihm auch, dass er viele glückliche Menschen sehen würde, die aus dem Osten von Berlin in den Westen kamen. Und dass viele aus dem Westen nach dem Osten fuhren, weil sie jetzt fahren konnten, wohin sie wollten. Bis 1989, so erzählte Weleda, durften die Einwohner der DDR nicht frei reisen. Die Grenzen waren geschlossen. Sie durften nicht wohnen und arbeiten, wo sie wollten. Das Geld der DDR konnte man nur im Osten gebrauchen. Im Westen von Deutschland benutzte man Deutsche Mark. Weleda erzählte so spannend, dass Kali nicht warten konnte, bis es losgehen sollte.

Also gingen beide bald zur Zeitmaschine und fuhren die paar Jahre bis ins Jahr 1989 zurück. Weleda stellte ihre Zeitmaschine auf den 9. November, abends um elf Uhr. Das war der Tag, an dem die Berliner Mauer für die Menschen aus dem Osten geöffnet wurde. Sie kamen am Brandenburger Tor in der Straße „Unter den Linden" an. Dort waren viele Tausend Leute zu Fuß, mit Autos und Fahrrädern unterwegs von Osten nach Westen. Auf der Straße lagen sich die Menschen in den Armen und weinten vor Freude *(cried for joy)*. Kali hörte eine blonde Dame mit einem Berliner Akzent: „Dass ich das noch erleben konnte, das hätte ich nie gedacht." Sie sagte dies unter Tränen *(tears)* und Lachen, hatte Blumen in der Hand und umarmte *(embraced)* jeden, der in ihre Nähe kam. Ein älterer Mann in der grauen Uniform eines Volkspolizisten stand steif dabei und wusste nicht, was er tun sollte. Bis gestern hatten sie noch auf jeden schießen müssen, der von Osten nach dem Westen wollte und keine Papiere hatte. Und heute waren Hunderttausende auf allen Straßen und von Papieren und Pässen wollte niemand etwas wissen. Das konnte der Polizist nicht verstehen, das war zu viel für ihn. Er stand nur steif da und war ganz erstaunt.

Weleda und Kali freuten sich mit den Leuten in Berlin. Sie blieben fünf Stunden dort. In Westberlin waren alle großen Geschäfte geöffnet, obwohl sie normalerweise abends geschlossen sind. Die ganze Stadt feierte eine Party. Nachdem Weleda und Kali alles gesehen hatten, fuhren die beiden wieder in die Midgard zurück.

Jetzt fängt Kali an, sich die Bücher und die CDs und Filme anzusehen, die die neue Zeit nach der Wiedervereinigung dokumentieren. Die Mauer, die 28 Jahre lang das Land geteilt hatte, war seit 1990 wieder offen. Seit 1990 gibt es nur noch ein Deutschland, weil die 17 Millionen Einwohner der DDR mit den über 63 Millionen Deutschen im Westen zusammenleben wollten. Ihre fünf Länder (Sachsen, Sachsen-Anhalt, Thüringen, Brandenburg und Mecklenburg-Vorpommern) sind die „neuen Bundesländern" der Bundesrepublik. So hat Deutschland wieder ein neues Gesicht und Kali findet jetzt auch, dass es ein wirklich junges Land ist.

Sind die folgenden Aussagen richtig oder falsch? Wenn falsch, schreiben Sie die richtige Antwort!

1. Vierzig Jahre lang gab es eine Mauer zwischen der DDR und der Bundesrepublik.

   _____

2. Seit 1989 ist Deutschland wieder ein Land.

   _____

3. Die Länder der DDR waren Heimat für ungefähr 17 Millionen Menschen.

   _____

4. Kali und Weleda sahen sich das Brandenburger Tor an.

   _____

5. Ein Polizist hatte eine warme, grüne Uniform an.

   _____

6. Jetzt interessiert sich Kali für die Geschichte, weil er selbst gesehen hat, wie Geschichte passiert.

   _____

7. Im Osten von Deutschland benutzte man Deutsche Mark.

   _____

8. Die fünf Bundesländer der DDR gehören zu den „alten" Bundesländern Deutschlands.

   _____

2 *Wie fühlen Sie sich bei diesen Aktivitäten?* Schreiben Sie die Sätze zu Ende!

Beispiel: Das Lesen von Büchern macht klug.

1. Beim Sprechen vor einer großen Gruppe _____ .

2. Das Surfen im Internet _____ .

3. Das Telefonieren mit Verwandten _____ .

4. Das Besuchen von Museen _____ .

5. Das Aufräumen meines Zimmers_____ .

6. Beim Fernsehen _____ .

7. Das Hören von Musik _____ .

3 *Jetzt schreiben Sie selbst!* Benutzen Sie fünf von diesen Verben und schreiben Sie Ihre eigenen Sätze mit Verben als Substantive!

lesen   lernen   diskutieren   leben   maulen   nennen   pflanzen

1. _____

2. _____

3. _____

4. _____

5. _____

6. _____

7. _____

4 *Die Reiseführerin.* Was macht Martina alles? Manche Wörter oder Ausdrücke können Sie auch zwei Mal benutzen. Kombinieren Sie!

Beispiel: ein altes Haus sehen

zeigen	ein altes Haus
sehen	mit den Touristen eine schöne Kirche
fahren	ein Museum für moderne Kunst
besichtigen	in eine interessante Stadt
führen	eine lange Reise
planen	den Touristen ein Schloss
	eine Touristengruppe
	zu einem Bauernhof

1. _____

2. _____

3. _____

4. _____

5. _____

6. _____

7. _____

5 *Sie waren dabei!* Sie sind mit Martinas Reisegruppe mitgefahren. Jetzt schreiben Sie Ihrer Freundin oder Ihrem Freund über das, was Sie alles gemacht haben. Benutzen Sie dazu die Wörter aus der letzten Übung und ergänzen Sie die Sätze mit Ihren eigenen Wörtern!

Liebe(r) _____,
wir waren auf einer Reise. Es war sehr schön. _____
_____
_____
_____
_____
_____
_____
_____
_____
_____
_____
_____

6 *Wenn ich...* Schreiben Sie die Sätze zu Ende!

1. Wenn ich meine Hausaufgaben mache, _____

   _____ .

2. Wenn ich meine Lehrerin sehe, _____

   _____ .

3. Wenn ich meine Freunde besuche, _____

   _____ .

4. Wenn ich zu spät zur Schule komme _____

   _____ .

5. Wenn ich an den Winter denke, _____

   _____ .

6. Wenn ich müde bin, _____

   _____ .

7. Wenn ich Glück habe, _____

   _____ .

8. Wenn ich meine Verwandten besuche, _____

   _____ .

9. Wenn ich krank bin, _____

   _____ .

10. Wenn ich Sport treibe, _____

   _____ .

7 *Was Siegfried so alles gemacht hat!* Schreiben Sie diese Sätze im Perfekt *(present perfect)*!

Beispiel: Siegfried / schreiben / seinen Freunden
Siegfried hat seinen Freunden geschrieben.

1. Er / fahren / letztes Wochenende nach Graz

   _____

2. Am Samstagnachmittag / er / besuchen / Freunde

   _____

3. Er / gehen / mit seinen Freunden ins Café

   _____

4. Sie / essen / viel Kuchen

   _____

5. Sie / bestellen / auch Kaffee

   _____

6. Sie / besprechen / verschiedene Themen

   _____

7. Am Abend / er / bleiben / zu Hause bei seinen Eltern

   _____

8 Und Renate? Schreiben Sie diese Sätze im Präteritum (narrative past)!

Beispiel: Renate / gefallen / das Wasser
       Renate gefiel das Wasser.

1. Sie / sein / letzten Sommer / am Meer

   _____

2. Am Morgen / sie / aufstehen / spät

   _____

3. Dann / sie / liegen / am Strand

   _____

4. Oft / sie / schwimmen

   _____

5. Ab und zu / sie / einkaufen

   _____

6. Manchmal / sie / gehen / in die Disko

   _____

7. Am Wochenende / Renate und ihre Eltern / besichtigen / ein Museum

   _____

9   *Bildergeschichte!* Sehen Sie sich die Bilder an und erzählen Sie die Geschichte von Silvia und ihrem Hund! Sie können die Wörter aus den Listen benutzen. Versuchen Sie, Ihre Sätze mit *und, dass, weil* und *aber* zu verbinden!

Figuren	Aktivitäten	Reaktionen	Andere Wörter
das Mädchen	anhalten	froh	der Ballon
der Verkäufer	still stehen	freundlich	
der Hund	tragen	glücklich	
	fragen	unglücklich	
	bitten um	lustig	
	fliegen		
	spazieren gehen		
	schweben		
	anbinden		
	(band an, angebunden)		
	to tie on		

_____

_____

_____

_____

_____

_____

_____

_____

_____

_____

_____

_____

10 *Urlaub an der Nordsee.* Wohin möchten Sie fahren? Beantworten Sie die Fragen! Manchmal ist mehr als eine Antwort möglich.

HAREN(EMS)
Familien-Ferien
in Deutschland

staatlich anerkannter Erholungsort
- ausgezeichnet als besonders familienfreundlicher Ferienort
- reichhaltiges Ferien- und Freizeitangebot
  – Ferienzentrum Schloß Dankern
  – Emsfahrten mit dem Fahrgastschiff „Amisia"
  – Planwagenfahrten durch die Harener Waldungen
  – gekennzeichnete Rad- und Wanderwege
  – zahlreiche Sportmöglichkeiten
- Mühlen- und Schiffahrtsmuseum
- zahlreiche Übernachtungsmöglichkeiten
- prämierter DCC-Campingplatz „Emspark"

Information:
Verkehrsamt Haren (Ems),
Postfach 13 29, 49725 Haren (Ems)
Telefon 05932/82 35
Telefax 05932/82 82

WIEFELSTEDE
Ihr Urlaubsziel im Ammerland

- Badevergnügen und Natur genießen
- Mit dem Fahrrad oder zu Fuß durch Wiesen und Wälder
- Gepflegte Gastronomie mit leckeren Ammerländer Spezialitäten
- Farbenprächtiges Rhododendronblütenmeer im Monat Mai
- Erholung und Ruhe in ländlicher Idylle
- Sport, Spiel, Freizeit und Urlaubsspaß
- Aktivwochenende mit umfangreichem Programm pro Person ab DM 230,-
- Information:
Fremdenverkehrsverein Wiefelstede
26215 Wiefelstede, Kleiberg 10
Tel.: 04402/69 09 74
Telefax: 04402/69 09 66

Naturerholungsgebiet
Speicherbecken
Geeste

mit vielfältigen Freizeitangeboten
- Surfen • Segeln
- Baden • Wandern
- Radeln • Jugendhaus u. Jugendzeltplatz
- 50 ha großer Feuchtbiotop • Emsland Moormuseum Groß Hesepe

Fremdenverkehrsamt
Gemeinde Geeste,
Postfach 11 29, 49741 Geeste,
Telefon 05937/69-105

1. Welcher Ort ist gut für eine Familie?

   _____

2. Wo kann man campen?

   _____

3. Wo kann man Fahrrad fahren?

   _____

4. Welche Anzeige informiert, wie teuer der Urlaub dort ist?

   _____

5. Welche Museen kann man besuchen? In welchen Orten sind sie?

   _____

   _____

6. Jetzt machen Sie Urlaub! In welche der drei Orte wollen Sie fahren und warum?

   _____

   _____

11 **Schreiben Sie den Dialog zu Ende!**

Käufer: Guten Tag! Ich habe Ihre Anzeige in der Zeitung gelesen. Ich interessiere mich für Ihren Roller.

Verkäufer: Guten Tag! Ja, ich verkaufe meinen Roller, aber nicht gern. Es muss aber sein.

Käufer: _____

Verkäufer: Ich ziehe nach Berlin und brauche das Geld.

Käufer: _____

Verkäufer: Ja, im besten Zustand. Er hat mich nie im Stich gelassen.

Käufer: _____

Verkäufer: 25.000 km.

Käufer: _____

Verkäufer: Nicht für einen Roller. Sie schaffen oft 100.000 km.

Käufer: _____

Verkäufer: 1 500 DM.

Käufer: _____

_____

Verkäufer: Natürlich können Sie sich den Roller gern ansehen. Kommen Sie heute
Nachmittag um drei!

Käufer: _____

Verkäufer: Albrecht-Dürer-Straße 17.

Käufer: _____

Verkäufer: Bis dann!

12 *Seebad Cuxhaven.* **Lesen Sie den Text und beantworten Sie die Fragen! Benutzen Sie** *an, vor* **und** *in* **in Ihren Antworten!**

Vor mehr als 175 Jahren gründete man hier in Cuxhaven ein Seebad. Weil sich so viele Gäste dort wohl fühlen, ist das Nordseeheilbad das größte deutsche Seeheilbad. Und wenn es im Winter zu kalt oder das Wetter schlecht ist, kann man das moderne Brandungs-Hallenbad benutzen. Der Nationalpark Wattenmeer ist ein besonderes Kennzeichen der Stadt. Cuxhaven bietet im Winter und im Sommer einen interessanten Hafen mit Fischauktionen. Die Innenstadt hat auch viele Museen, die man das ganze Jahr besuchen kann. In vielen kann man alte Schiffe sehen, die von der langen maritimen Geschichte der Stadt erzählen. Besonders attraktiv sind auch die vielen sportlichen Freizeitaktivitäten, die Cuxhaven bietet. Viele Leute fahren hierher, weil sie golfen, reiten, wandern oder Fahrrad fahren wollen. Die meisten Leute bleiben eine Woche oder länger, andere kommen nur am Wochenende zu Besuch. Besonders populär ist das „Duhner Wattrennen". Viele Touristen kommen extra zu diesem Sportereignis, das immer an einem Sonntag im Juli stattfindet.

1. Wann wurde Cuxhaven ein Seebad?

   _____

2. Wann ist das Wetter in Cuxhaven kalt?

   _____

3. Wann schwimmt man im Hallenbad?

   _____

4. Wann kann man eine Fischauktion am Hafen sehen?

   _____

5. Wann kommen die Leute zu einem kurzen Besuch?

   _____

6. Wann ist das „Duhner Wattrennen"?

   _____

13 *An, vor* **oder** *in*? **Schreiben Sie die Sätze zu Ende! Vergessen Sie nicht ein** *-n* **für Dativ-Plural!**

Beispiel: _____ suchte Kali eine Zeitmaschine in der Bibliothek. (eine Woche)
Vor einer Woche suchte Kali eine Zeitmaschine in der Bibliothek.

1. _____ kam Kali in die Bibliothek.

   (fünfzehn Tage)

2. _____ war er früh in der Midgard.

   (Montag)

3. _____ fuhren Weleda und Kali zu

   den Wikingern. (vier Stunden)

4. Die Wikinger lebten _____ .

   (1 000 Jahre)

5. _____ wollen Kali und Weleda eine

   andere Reise machen. (ein Monat)

6. _____ surft Kali am liebsten im

   Internet. (Samstagnachmittag)

7. _____ fahren Weleda und Kali

   wieder zu Karl dem Großen. (Herbst)

8. Kali feiert _____ Geburtstag.

   (1. April)

14 *Beantworten Sie die Fragen*! Benutzen Sie *an, in* und *vor* in Ihren Antworten!

1. Wann haben Sie Geburtstag?

   _____

2. Wann treiben Sie am liebsten Sport?

   _____

3. Wann haben Sie zum letzten Mal im Kino einen Film gesehen?

   _____

4. Wann müssen Sie Ihr Zimmer aufräumen?

   _____

5. Wann sind Sie mit der Schule fertig?

   _____

6. Wann wollen Sie einen richtigen Beruf haben?

   _____

15 *Wikinger Museum Haithabu.* Lesen Sie den Text und beantworten Sie die Fragen!

Öffnungszeiten

April—Oktober:
täglich   9—18 Uhr

November—März:
dienstags—freitags   9—17 Uhr
samstags—sonntags   10—18 Uhr

Für das Café gelten die Öffnungszeiten des Museums. Tischbe-stellungen für Gruppen sind möglich, Telefon: 0 46 21/ 3 53 43. In den Monaten Januar und Februar ist das Café geschlossen.

Geländeführungen zu den historischen Stätten können vermittelt werden, Telefon: 0 46 21 / 813 - 300.

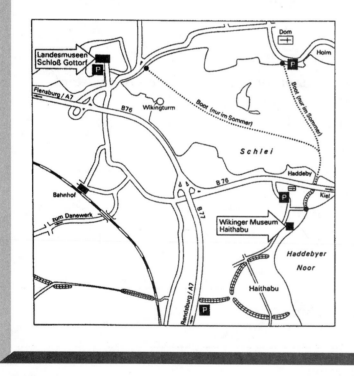

Eintrittspreise

Einzelkarte	DM 4,-
ermäßigte Einzelkarte	DM 2,-
– Schüler ab 11 Jahren, Auszubildende, Studierende, Schwerbehinderte	
Familienkarte	DM 8,-
– Eltern mit ihren schulpflichtigen Kindern	
Gruppenkarte	DM 2,-
– ab 10 Personen	
Kinder bis zu 10 Jahren	frei
Schulklassen	
– unter Führung eines Lehrers	

Anfahrtswege

mit dem Pkw:
Autobahn A 7 Hamburg—Flensburg,
Ausfahrt Schleswig/Jagel.
Das Museum liegt an der Bundesstraße 76 zwischen Schleswig und Kiel.

mit der Bahn:
Bundesbahnstrecke Hamburg—Flensburg.
Ab Bahnhof Schleswig ca. 3 km Fußweg oder Bus nach Kiel, Haltestelle Haddeby.

Im Sommer verkehrt ein Motorschiff regelmäßig zwischen dem Hafen Schleswigs und dem Museum. Eine Fahrt dauert 20 Minuten. Auskünfte erteilen die Stadtwerke Schleswig, Telefon: 0 46 21 / 80 10.

Für Gruppen können Fahrten vom Gottorfer Damm zum Museum verabredet werden. Auskünfte erteilt die Touristinformation der Stadt Schleswig, Telefon: 0 46 21 / 814 - 226.

1. An welchem Tag kann man das Wikinger Museum nicht besuchen?

   _____

2. Wann macht das Museum am Samstag zu?

   _____

3. Wo im Museum kann man etwas essen und trinken?

   _____

4. Wie groß muss eine Gruppe sein, um billigere Karten zu bekommen?

   _____

5. Wie viel kostet eine Karte für Familien?

   _____

6. Was fährt im Juli vom Hafen Schleswig zum Museum?

   _____

7. An welcher Haltestelle muss man aussteigen, um zum Museum zu kommen?

   _____

8. Wo kann man weitere Informationen über Haithabu bekommen?

   _____

16 *Arbeiten wir mit Texten!*

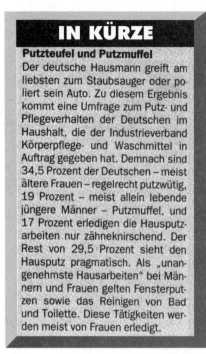

IN KÜRZE

Putzteufel und Putzmuffel
Der deutsche Hausmann greift am liebsten zum Staubsauger oder poliert sein Auto. Zu diesem Ergebnis kommt eine Umfrage zum Putz- und Pflegeverhalten der Deutschen im Haushalt, die der Industrieverband Körperpflege- und Waschmittel in Auftrag gegeben hat. Demnach sind 34,5 Prozent der Deutschen – meist ältere Frauen – regelrecht putzwütig, 19 Prozent – meist allein lebende jüngere Männer – Putzmuffel, und 17 Prozent erledigen die Hausputzarbeiten nur zähneknirschend. Der Rest von 29,5 Prozent sieht den Hausputz pragmatisch. Als „unangenehmste Hausarbeiten" bei Männern und Frauen gelten Fensterputzen sowie das Reinigen von Bad und Toilette. Diese Tätigkeiten werden meist von Frauen erledigt.

IN KÜRZE

Müll ist Männersache
Die Müllentsorgung in den deutschen Haushalten ist die Domäne der Männer, die Badewannen werden von den Frauen geputzt. Nach einer Umfrage sind die Männer auch für das Entkalken der Wasserhähne zuständig, und jeder zweite Hausherr putzt sogar die Schuhe. Die Fenster gehören wieder in den Bereich der Hausfrau: Nur 15 Prozent der Herren der Schöpfung putzen ihre Wohnungsfenster.

A. Sehen Sie sich die Titel dieser Artikel an! Was, meinen Sie, ist das Thema?

_____

_____

B. Bevor Sie weiter lesen, beantworten Sie diese Fragen!

1. Wer putzt am meisten in Ihrem Haus?

_____

2. Wann putzen Sie?

_____

3. Gibt es Arbeiten im Haus, die die Frau macht und andere, die der Mann macht? Zum Beispiel?

_____

4. Welche beliebten und unbeliebten Arbeiten gibt es bei Ihnen zu Hause?

_____

C. Lesen Sie jetzt die Artikel und versuchen Sie, die Tabelle fertig zu machen!

Welche Hausarbeit machen:	Männer?	Frauen?
Artikel 1: *Putzteufel und Putzmuffel*		
Artikel 2: *Müll ist Männersache*		

17 *Die Gefahren* (dangers) *im Haushalt!* Lesen Sie den Artikel und beantworten Sie die Fragen!

> **Hausfrauen leben gefährlich**
> Die eigene Wohnung oder das eigene Haus ist fast ebenso gefährlich wie der Straßenverkehr: Bei Unfällen im Haushalt starben im letzten Jahr 6728 Menschen, bei Verkehrsunfällen auf der Straße starben 9500 Menschen. Vor allem alte Leute haben Unfälle im Haushalt. Rund 5000 waren älter als 70 Jahre, zwei Drittel waren Frauen.

1. Wo passieren weniger Unfälle, in einem Auto oder zu Hause?

_____

2. Wer hat größere Chancen, einen Unfall zu Hause zu haben, eine Frau oder ein Mann?

_____

3. Für welche Altersgruppe ist die Gefahr am größten?

_____

18 *Wer macht die Hausarbeit?* Beantworten Sie die Fragen!

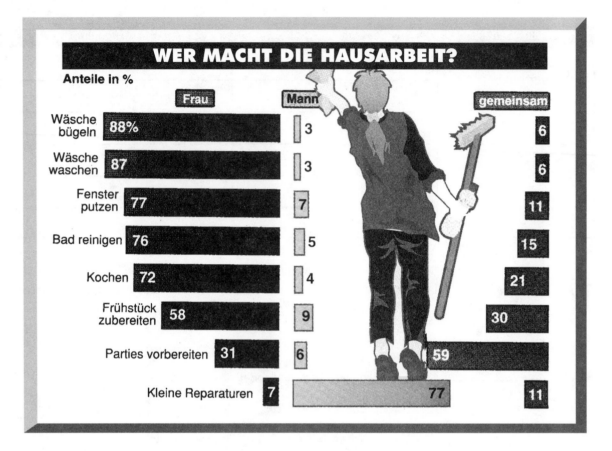

1. Welche zwei Aktivitäten machen die Männer am wenigsten?

   _____

2. Welche Aktivität machen die Männer am meisten?

   _____

3. Gibt es eine Aktivität, die Männer und Frauen beide gleich viel machen?

   _____

4. Welche Aktivität machen sie am meisten gemeinsam?

   _____

5. Wie sieht es bei Ihnen zu Hause aus? Wer macht diese Arbeiten in Ihrer Familie?

   _____

   _____

19 *Die Bibliothek wird aufgeräumt!* Ergänzen Sie jeden Satz mit Wörtern aus der Liste!

müde   Seife   Putzfrau   Eimer   wischt   gemacht   Staub   sauber

Jeden Mittwoch wird die Bibliothek sauber _____. Eine

_____ kommt in die Midgard. Zuerst wischt sie

_____. Dann tut sie Wasser und _____ in ihren

_____ und _____ den Boden. Am Ende ist die

Bibliothek _____ und die Putzfrau ist _____.

20 *Anitas Mutter kommt morgen zu Besuch.* Was muss Anita alles tun? Machen Sie eine Liste!

Beispiel: einen Kuchen backen

_____

_____

_____

_____

_____

_____

_____

21 *Nach zwei Stunden ist Anita fertig.* Schreiben Sie einen kurzen Absatz über das, was sie gemacht hat! Was macht sie zuerst und was macht sie zuletzt? Hier sind ein paar Wörter, die Sie dafür benutzen können: *zuerst, dann, danach, zuletzt.*

Beispiel: Zuerst hat sie die Fenster geputzt.

_____

_____

_____

_____

_____

_____

22 *Manfred, der Koch!* Lesen Sie den Text und beantworten Sie die Fragen!

Der Koch, der auch Bedienung und Putzfrau ist

Der 32jährige Manfred Knirsch herrscht in der Mensa im Canisiuskonvikt über Töpfe und Pfannen

Weiße Kochhaube, weiße, stets zweireihig geknöpfte Kochjacke (wahlweise mit schwarzen oder roten Knöpfen) - bis über beide Ohren grinsend führt Manfred Knirsch vor, wie er durch Umknöpfen unvermeidliche Soßenflecke auf der Vorderseite der Jacke schneller verschwinden lassen kann als der Weiße Riese -, rotes Halstuch, grauweiß-kleinkarierte Hose („die großkarierten sind die Bäcker"), weiße, um die Hüften gebundene Schürze, die Füße in bequemen Öko-Schlappen - der 32jährige Köschinger ist ein Koch wie aus dem Bilderbuch, nur um einges dünner!

Angesichts von gut 300 Essen, die er täglich mit seinen Helferinnen zubereitet, spricht er unumwunden von „Massenproduktion" - deshalb sein Licht unter den Scheffel eines Restaurantkochs stellen, fiele Manfred Knirsch aber nicht im Traum ein.

Ab der fünften Klasse wußte Manfred Knirsch, daß er Koch werden will. Während sich seine Kumpels im Werkunterricht mit Sperrholz und Feile mühten, kochte er ab der achten Klasse mit den Mädchen im Hauswirtschaftsunterricht, während seine Freunde nach der Schule eine Lehre bei Audi begannen, packte er sein Bündel und ging in den Bayerischen Wald. In einem Familienbetrieb in einem kleinen Ort in der Nähe von Viechtach – „ein Hotel und vier Bauernhöfe, das war alles" – begann er seine Lehre. Weil's ihm dort so gut gefiel und weil die Leute so „urgemütlich" sind, blieb er gleich vier Jahre.

Allem Anschein nach kann er gut kochen, immerhin ist er schon seit 17 Jahren im Geschäft - nach wie vor mit viel Spaß, wie er sagt. Das kann man schmecken und an vielen kleinen Dingen sehen: In welcher anderen Mensa streut der Koch noch frischgeschnittenen Schnittlauch über die Pfannkuchensuppe oder peppt zwei Kugeln Vanilleeis mit Sahne, Erdbeersoße und Eiswaffeln zu ei-

Die Mensa ist sein Reich: Koch Manfred Knirsch.

nem leckeren Dessert auf?

Trotz der Liebe zum Beruf hat sich der dreifache Familienvater die Fähigkeit bewahrt, abzuschalten, sobald er die Koch·acke ausgezogen hat (daheim kocht seine Frau Anni). Im Kaufhaus zieht es ihn

statt zu Designertöp en un Brätern zu Schokolade und Bonbons - schließlich sind Mehlspeisen sein Leibgericht (sein Apfelstrudel ist übrigens ein Gedicht, Anm. d. Autors).

1. Welche Farbe hat die Kleidung, die Manfred Knirsch beim Kochen trägt?

   _____

2. Wie viele Essen kocht Manfred jeden Tag?

   _____

3. Wann wusste Manfred, dass er Koch werden wollte?

   _____

4. Mit wem kochte Manfred in der achten Klasse?

   _____

5. Wo machte er seine Lehre?

   _____

   _____

6. Wie lange kocht Manfred schon?

   _____

7. Wie viele Kinder hat Manfred?

   _____

8. Wie heißt seine Frau?

   _____

23 *Rätseln wir mal!* Können Sie zehn Wörter finden, die etwas mit dem Haushalt zu tun haben? Die Wörter können vertikal, horizontal oder diagonal sein und auch rückwärts (*backwards*). Viel Spaß!

R	N	Z	Z	Ü	R	B	F	R	N	H
N	E	I	M	E	R	Ä	N	P	E	A
Q	D	G	P	L	I	M	F	F	P	U
Ö	O	D	U	L	H	N	I	A	P	S
I	B	D	T	A	C	E	L	U	T	A
M	Ü	J	Z	H	S	S	S	B	Z	R
I	G	K	E	Y	E	B	A	E	E	B
P	E	I	N	C	G	A	U	T	N	E
W	L	I	X	V	G	Ä	B	A	R	I
O	N	W	I	S	C	H	E	N	T	T
B	O	C	Z	U	C	T	R	F	S	S

24 *Ordnung schaffen!* Versuchen Sie diese Buchstabenreihen neu zu schreiben, so dass jede Reihe ein Wort ergibt! Diese Wörter finden Sie in dem Text „Aktuelles".

Beispiel: LIMCH
             MILCH

1. SAEEBRUATNR: _____
2. ANBTRE: _____
3. WRUASTBRT: _____
4. BHERMUAGR: _____
5. BKOUELHLMN: _____

6. STOB:_____
7. ÜGSMEE: _____
8. MPOMSE TSRFIE: _____
9. ZAPIZ: _____
10. ROBT: _____

Kapitel 3

1 *Eine Familiengeschichte.* Schreiben Sie über ein Erlebnis aus Ihrer Kindheit *(childhood)*! Was war besonders interessant, lustig, spannend oder außergewöhnlich? Schreiben Sie mindestens zehn Sätze darüber!

_____

_____

_____

_____

_____

_____

_____

_____

_____

_____

_____

_____

_____

_____

_____

_____

_____

2 *Tante-Emma-Laden.* In der Geschichte „Umfrage zum Thema: Nachbarn" hat Frau Weiss einen Tante-Emma-Laden, ein kleines Geschäft in einer Wohngegend. Hier ist eine Graphik zu Tante-Emma-Läden und ihrer Situation in Deutschland. Beantworten Sie die folgenden Fragen!

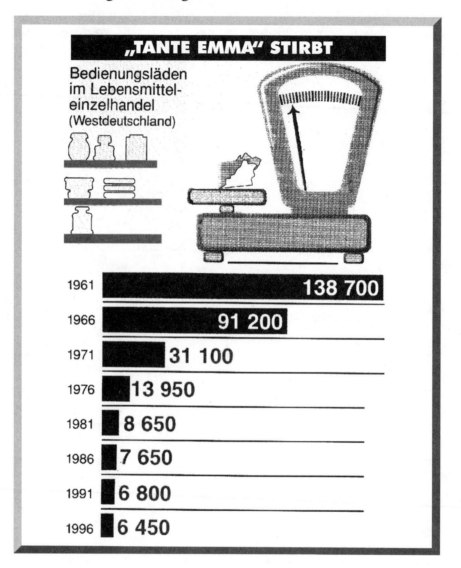

Fragen zur Graphik

1. In welchem Jahr gab es die meisten Tante-Emma-Läden in Westdeutschland?

   _____

2. Wie viele gab es im Jahre 1996?

   _____

Fragen zum Nachdenken

3. Was denken Sie? Wie alt sind die Leute, die solche Läden haben?

_____

4. Was denken Sie? Wer kauft dort ein?

_____

5. Was denken Sie? Warum gibt es immer weniger Tante-Emma-Läden in Deutschland?

_____

6. Frau Weiss erzählt, dass sie in ihrem Geschäft nicht nur Lebensmittel verkauft. Welche anderen Sachen macht Frau Weiss?

_____

7. Warum, glauben Sie, macht Frau Weiss diese anderen Sachen?

_____

8. Gibt es solche Geschäfte wie Tante-Emma-Läden in den USA? Wie heißen sie?

_____

3 *Hilfe!* **Ergänzen Sie den Dialog!**

Frau Schulz: Kannst du mir mal helfen?

Nachbarsjunge: _____

Frau Schulz: Ich glaube, wir brauchen nur eine halbe Stunde.

Nachbarsjunge: _____

Frau Schulz: Nein, komm jetzt nicht! Ich kann erst um drei Uhr anfangen.

Nachbarsjunge: _____

Frau Schulz: Wir müssen viele Kartons aus dem Keller holen.

Nachbarsjunge: _____

Frau Schulz: Deine Freunde brauchen nicht zu kommen. Wir können es allein machen.

Nachbarsjunge: _____

Frau Schulz: Vielen Dank!

Nachbarsjunge: _____

4 Was passt am besten: A oder B? *Als* oder *wenn*?

1. Meine Großmutter hatte immer Kekse für uns,
   A. wenn wir sie besuchten.
   B. als wir sie besuchten.

2. Ich hatte in dem Moment keine Zeit zu sprechen,
   A. wenn er mich anrief.
   B. als er mich anrief.

3. Sie wollte den Film „Zurück in die Zukunft" sehen,
   A. wenn sie mich einlud.
   B. als sie mich einlud.

4. Wir gingen oft spazieren,
   A. wenn wir Zeit hatten.
   B. als wir Zeit hatten.

5 *Schreiben Sie jeden Satz neu mit dem Verb an der richtigen Stelle!* Sie können diese Ideen oder Ihre eigenen benutzen, um die Sätze zu Ende zu schreiben. Schreiben Sie dann denselben Satz noch einmal mit *wenn, wann* oder *als* am Anfang des Satzes! Passen Sie auf, dass Sie die richtige Zeitform *(tense)* benutzen!

Wir haben eine Prüfung.
Ich will mit meinen Freunden sprechen.
Meine Cousine hat geheiratet.
Ich bin müde.
Meine Schwester hatte Geburtstag.
Die Zeitreise beginnt.
Ich muss nicht früh aufstehen.
Ich brauchte Zucker zum Backen.
Meine kleine Schwester maulte.

Beispiel: Ich gehe früh ins Bett, wenn ____.
Ich gehe früh ins Bett, wenn ich müde bin.
Wenn ich müde bin, gehe ich früh ins Bett.

1. Ich telefoniere viel, wenn _____.

   Wenn _____.

2. Ich habe meine Verwandten besucht, als _____.

   Als _____.

3. Ich weiß nicht, wann _____.

   Wann _____.

4. Frau Schulz brachte uns Kekse, als _____ .

   Als _____ .

5. Ich habe nicht gehört, wann _____ .

   Wann _____ .

6. Meine Eltern waren immer böse, wenn _____ .

   Wenn _____ .

7. Ich ging immer zu den Nachbarn, wenn _____ .

   Wenn _____ .

8. Ich schlafe gern lange, wenn _____ .

   Wenn _____ .

6 **Als oder *wenn*? Beantworten Sie die Fragen und benutzen Sie *als* oder *wenn* in Ihren Antworten!**

Beispiel: Wann sagen Sie etwas zu Ihren Nachbarn?
Ich sage etwas zu ihnen, wenn sie draußen sind.

1. Wann helfen Sie Ihren Nachbarn?

   _____

2. Wann haben Sie das letzte Mal mit Ihren Nachbarn gesprochen?

   _____

3. Wann haben Sie Ihre Nachbarn besucht?

   _____

4. Wann rufen Sie Ihre Nachbarn an?

   _____

5. Wann sehen Sie Ihre Nachbarn?

   _____

6. Wann bitten Sie Ihre Nachbarn um etwas?

   _____

7. Wann haben Sie etwas für Ihre Nachbarn getan?

   _____

8. Wann sehen Sie Ihre Nachbarn nicht gern?

   _____

7 *Die erste Fahrradtour!* **Ergänzen Sie die Geschichte mit** *als, wenn* **und** *wann!*

_____ ich mein erstes Fahrrad bekam, war ich erst fünf Jahre alt. „_____

du etwas älter bist, bekommst du eins", sagten meine Eltern. „_____ habe ich

Geburtstag?" fragte ich sie. Mein Geburtstag war in zwei Wochen. _____ ich

meinen Eltern sagte, dass ein Fahrrad mein Traum war, sagten sie: „Mal sehen."

_____ mein Geburtstag endlich da war, was bekam ich? Ein ganz neues

Fahrrad! Ich weiß heute nicht, _____ ich sonst im Leben so glücklich war.

_____ ich auf das Rad stieg, hatte ich zuerst ein bisschen Angst. Aber später,

_____ ich lernte, besser zu fahren, war es kein Problem mehr. Radfahren

machte mir großen Spaß und ich fahre heute immer noch sehr gern.

8 *Meine erste Fahrradtour.* **Jetzt schreiben Sie, was Ihnen alles passiert ist, als Sie zum ersten Mal Fahrrad gefahren sind! Hier sind einige Ideen.**

nicht anhalten können   um das Haus fahren
(nicht) auf der Straße fahren vor ein Auto fahren
(keinen) Helm tragen   mit meinem Vater / meiner Mutter üben

_____

_____

_____

_____

_____

_____

_____

9 *Die Kantone der Schweiz.* Sehen Sie sich die Statistik an und beantworten Sie dann die Fragen!

Gesamtfläche und ständige Wohnbevölkerung					
Kantone	Gesamt-fläche (in km²)	Wohn-bevölkerung	Ein-wohner/ 1 km²	Kantons-Hauptort	Wohn-bevölkerun
Zürich	1 728,8	1 162 100	672,2	Zürich	343 100
Bern	5 960,9	941 100	157,9	Bern	129 400
Luzern	1 493,4	335 400	224,6	Luzern	59 900
Uri	1 076,6	35 700	33,2	Altdorf	8 300
Schwyz	908,3	118 500	130,5	Schwyz	13 100
Obwalden	490,5	30 800	62,9	Sarnen	8 700
Nidwalden	276,1	35 400	128,2	Stans	6 500
Glarus	685,1	39 100	57,1	Glarus	5 600
Zug	238,8	88 600	371,0	Zug	21 900
Freiburg	1 670,8	218 700	130,9	Freiburg	32 700
Solothurn	790,7	236 400	299,0	Solothurn	15 600
Basel-Stadt	37,1	197 400	5 326,6	Basel	176 200
Basel-Landschaft	517,5	250 400	483,9	Liestal	12 300
Schaffhausen	298,5	73 600	246,5	Schaffhausen	34 000
Appenzell A.Rh.	242,9	54 100	222,7	Herisau	16 000
Appenzell I.Rh.	172,5	14 700	85,1	Appenzell	5 500
St. Gallen	2 025,5	437 000	215,7	St. Gallen	72 400
Graubünden	7 105,5	182 000	25,6	Chur	30 500
Aargau	1 403,6	518 900	369,7	Aarau	16 100
Thurgau	991,0	217 100	219,1	Frauenfeld	20 200
Tessin	2 812,5	298 000	105,9	Bellinzona	17 300
Waadt	3 211,7	596 700	185,8	Lausanne	117 200
Wallis	5 224,5	266 700	51,0	Sion	25 700
Neuenburg	803,1	163 900	204,1	Neuenburg	31 700
Genf	282,3	387 600	1 373,3	Genf	171 700
Jura	836,5	68 600	82,0	Delémont	11 800
Schweiz	**41 284,6**	**6 968 600**	**168,8**		

1. Welcher Kanton ist der größte?

   _____

2. Wie viele Einwohner wohnen auf einem Quadratkilometer (km²) im Kanton Schaffhausen?

   _____

3. Wie heißt der Hauptort des Kantons Thurgau?

   _____

4. In welchem Kanton wohnen die wenigsten Einwohner?

   _____

5. Wie viele Kantone haben denselben Namen wie der Hauptort?

   _____

6. Wie viele Einwohner wohnen im Kanton Bern?

   _____

7. Wie viele Einwohner leben in der Schweiz?

   _____

8. Wohnen mehr oder weniger Leute im Kanton Basel-Stadt als im Kanton Basel-Landschaft? _____

10 *Informationen über Zürich.* Man feiert viel in Zürich. Lesen Sie den Text und setzen Sie in den Kalender ein, wann die verschiedenen Feste stattfinden! Nicht jeder Monat hat einen Festtag.

Feste und Bräuche

Sechseläuten, das Zürcher Frühlingsfest, findet in der Regel am dritten Montag im April statt. Kostümierter Umzug der Kinder am Sonntag. Hauptattraktion sind der Umzug der Zünfte mit historischen Kostümen in der Innenstadt, das Verbrennen des «Böögg» (Schneemann aus Watte, mit Knallkörpern gefüllt, der den Winter symbolisiert). Punkt sechs Uhr abends auf dem Sechseläuten-Platz und die gegenseitigen nächtlichen Besuche der Zünfte mit Laternen und Musik in ihren Zunftstuben. Knabenschiessen, der älteste Zürcher Brauch, lebt am zweiten Wochenende im September auf. Wettschiessen auf dem Albisgüetli für 12-16 jährige Knaben und Mädchen, verbunden mit einem bunten dreitägigen Jahrmarkt. Der St.-Nikolaus-Tag (6. Dezember) ist zwar kein offizieller Feiertag, wird aber in einigen Quartieren mit traditionellen «Samichlaus»-Umzügen gefeiert. Auch die Zürcher Fasnacht (Februar/Anfang März) hat ihren eigenen Reiz. Nimmermüde «Guggenmusiken» ziehen durch die Strassen und geben ihre grausig-schönen Ständchen zum besten. Ein grosser Umzug am Sonntag und öffentliche Maskenbälle beweisen, dass in Zürich auch Fröhlichkeit und Ausgelassenheit ihren Platz haben. Die Züri-Fäscht findet Anfang Juli statt. Altstadt, See- und Limmatufer bilden von Freitag bis Sonntag einen riesigen Festplatz. Höhepunkt des vielfältigen und attraktiven Programms ist das Feuerwerk auf dem See.

Januar	Februar	März	April
Mai	**Juni**	**Juli**	**August**
September	**Oktober**	**November**	**Dezember**

11 *Wie macht man das richtig?* Lesen Sie die Straßenverkehrsordnung! In jedem dieser Bilder machen die Fahrradfahrer etwas falsch. Kreuzen Sie an, wer den Fehler macht, was für einen Fehler er macht und was er machen sollte! Hier sind ein paar Wörter, die Sie benutzen können: *der Radweg* bicycle path; *hintereinander fahren* to ride behind each other; *der Fußgängerweg* pedestrian sidewalk.

Beispiel: Die Fahrradfahrer fahren auf der Straße. Sie sollten den Radweg benutzen.

Das schreibt die Straßenverkehrsordnung vor: Radfahrer müssen einzeln hintereinander fahren. Nebeneinander dürfen sie nur fahren, wenn dadurch der Verkehr nicht behindert wird. Sie haben rechte Radwege zu benutzen. Linke Radwege dürfen sie nur benutzen, wenn diese für die Gegenrichtung freigegeben sind. Sie haben rechte Seitenstreifen zu benutzen, wenn keine Radwege vorhanden sind. Fußgänger dürfen nicht behindert werden.

1. _____

_____

2. _____

_____

3. _____

_____

4. _____

_____

12 *Fahrradaufkleber!* Suchen Sie sich sechs dieser Aufkleber *(stickers)* aus und raten Sie mal, was sie bedeuten!

Beispiel: Vorsicht: Explosiv
             Caution: Explosive

Name _____ Datum _____

Im Dunkeln:
Licht
einschalten
nicht
vergessen

⑥

Nicht klingeln

Fahrer träumt von 120 PS

⑦

Ich fahre SUPER PLUS
Gang-
schaltung

⑧

① _____

② _____

③ _____

④ _____

⑤ _____

⑥ _____

⑦ _____

⑧ _____

13 *Sie sind dran!* Jetzt malen Sie einen Aufkleber für Ihr Fahrrad und erklären auf Deutsch, was er bedeutet und warum Sie ihn so gemacht haben!

_____

_____

_____

_____

_____

_____

14 *Fahrradallerlei!* Lesen Sie die folgenden drei Texte über Fahrradfahren und beantworten Sie die Fragen!

IN KÜRZE

Fahrradhelmpflicht für Kinder?
Die Einführung einer Helmpflicht für radelnde Kinder hat der SPD-Bundestagsabgeordnete Horst Kubatschka gefordert. Er verwies auf Zahlen des Statistischen Bundesamtes, wonach im vergangenen Jahr bundesweit 16 269 Kinder unter 15 Jahren mit dem Fahrrad verunglückten – davon 77 tödlich. Dabei könnte nach Expertenansicht das Verletzungsrisiko durch einen Helm um etwa ein Viertel gesenkt werden.

A. Fahrradhelmpflicht für Kinder?

1. Wer will die Helmpflicht für Kinder einführen *(to introduce)?*

_____

2. Wie viele Kinder unter 15 Jahren hatten im letzten Jahr einen Unfall mit ihrem Fahrrad?

_____

3. Wie viele Kinder starben beim Fahrradfahren?

_____

> **Erste Wolken verdunkeln Paradies der Radfahrer**
>
> **Utrecht** (dpa) Fahrradfahrer müssen im niederländischen Utrecht künftig an einigen Stellen eine Parkgebühr bezahlen. Für umgerechnet 44 Pfennige können die Fahrräder an 1000 Stellplätzen am Bahnhof angeschlossen werden. Verboten ist fortan das Anketten der Räder an Laternenpfählen oder Bäumen. Die Stellplätze hatte die Stadt eingerichtet, weil dort häufig Räder kreuz und quer herumliegen.

B. Erste Wolken verdunkeln Paradies der Radfahrer

1. Wo muss man jetzt für einen Parkplatz für Fahrräder bezahlen?

   _____

2. Wie viel kostet ein Parkplatz am Bahnhof?

   _____

3. Wie viele Stellplätze gibt es am Bahnhof?

   _____

4. Warum hat die Stadt diese Aktion gemacht?

   _____

> **LOKALES**
>
> **Gelbe „City-Räder" rollen**
> Zitronengelb und kostenlos sind die Fahrräder, die Bewegung und Farbe in die Innenstadt bringen werden. Gut 350 „City-Räder" warten auf Ingolstädter, die schnell und umweltfreundlich zwischen Hallenbad, Klenzepark und Volksfestplatz hin- und herflitzen wollen.

C. Gelbe „City-Räder" rollen

1. Wie sehen die City-Räder aus?

   _____

2. Was kosten die Räder, wenn man sie fahren will?

   _____

3. Wie viele City-Räder gibt es in der Stadt?

   _____

4. Wohin können Leute auf den Rädern fahren?

   _____

15 *Was macht das Relativpronomen im Relativsatz?* Machen Sie ein „X" in der richtigen Spalte *(column)*! Danach schreiben Sie den zweiten Satz noch einmal als Hauptsatz!

Beispiel: Peter kauft eine neue Kette, **die** er für sein Fahrrad braucht.
Akkusativ
Er braucht eine neue Kette für sein Fahrrad.

	Nominativ	Akkusativ	Dativ
1. Ich mag die Person nicht, **der** ich immer helfen muss.			
2. Zürich und Bern sind Städte, **die** ich gern sehen möchte.			
3. Das Großmünster steht an einem Ort, **den** viele Touristen besuchen.			
4. Rätoromanisch ist eine Sprache, **die** wenige Leute sprechen.			
5. Die Schweiz ist ein kleines Land, **das** südlich von Deutschland liegt.			
6. Im 10. Jahrhundert gewann Zürich großen Einfluss, **den** die Stadt bis heute zeigt.			
7. Der Mann, **dem** ich Zürich zeigte, fand die Stadt sehr schön.			
8. Man spricht rätoromanisch im Kanton Graubünden, **der** im Südosten der Schweiz liegt.			

1. _____

2. _____

3. _____

4. _____

5. _____

6. _____

7. _____

8. _____

16 *Wer ist es?* Schreiben Sie, wer diese Leute sind! Benutzen Sie Relativpronomen!

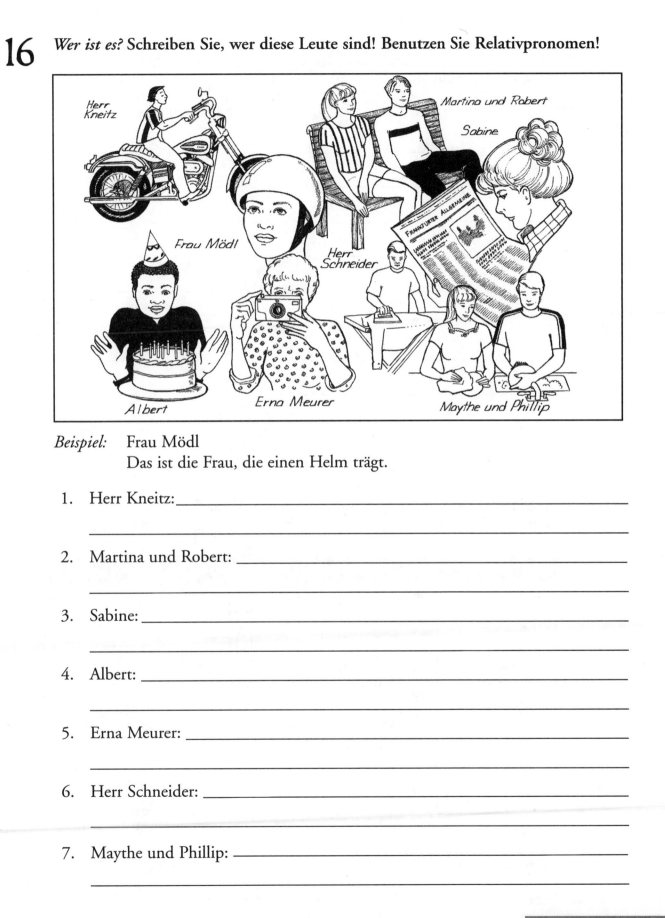

Beispiel: Frau Mödl
Das ist die Frau, die einen Helm trägt.

1. Herr Kneitz: _____

_____

2. Martina und Robert: _____

_____

3. Sabine: _____

_____

4. Albert: _____

_____

5. Erna Meurer: _____

_____

6. Herr Schneider: _____

_____

7. Maythe und Phillip: _____

_____

17 *Stellen Sie sich vor!* Sie sind Heinrich IV. Schreiben Sie aus Ihrer Perspektive, was Ihnen passierte, als der Erzbischof Sie entführte und wie Sie sich fühlten! Der Anfang Ihrer Geschichte steht schon für Sie da.

Es war ein schöner Tag. Wir feierten viel. Als ich vom Essen kam,...

_____

_____

_____

_____

_____

_____

_____

_____

_____

18 *Es kommen die Müllmänner!* Benutzen Sie den Abfuhrkalender für den Gelben Sack in Ingolstadt von Januar bis Juni. Wann wird der Gelbe Sack abgeholt?

Abfuhr-bezirk *	Abfuhr-tag	JAN		FEB		MÄR		APR		MAI		JUN	
1	Mo.	7. Di	20.	3.	17.	3.	17.	1. Di	14.	28.		12.	26.	9.	23.
2	Di.	8. Mi	21.	4.	18.	4.	18.	2. Mi	15.	29.		13.	27.	10.	24.
3	Mi.	9. Do	22.	5.	19.	5.	19.	3. Do	16.	30.		14.	28.	11.	25.
4	Do.	10. Fr	23.	6.	20.	6.	20.	4. Fr	17.	2. Fr	15.	30. Fr	12.	26.
5	Fr.	11. Sa	24.	7.	21.	7.	21.	5. Sa	18.	3. Sa	16.	31. Sa	13.	27.
6	Mo.		13.	27.	10.	24.	10.	24.	7.	21.	5.	20. Di	2.	16.	30.
7	Di.		14.	28.	11.	25.	11.	25.	8.	22.	6.	21. Mi	3.	17.
8	Mi.	2. Do	15.	29.	12.	26.	12.	26.	9.	23.	7.	22. Do	4.	18.
9	Do.	3. Fr	16.	30.	13.	27.	13.	27.	10.	24.	9. Fr	23. Fr	5.	19.
10	Fr.	4. Sa	17.	31.	14.	28.	14.	29. Sa	11.	25.	10. Sa	24. Sa	6.	20.

* siehe Plan   ☐ Achtung: Wegen eines Feiertages geänderter Abfuhrtag

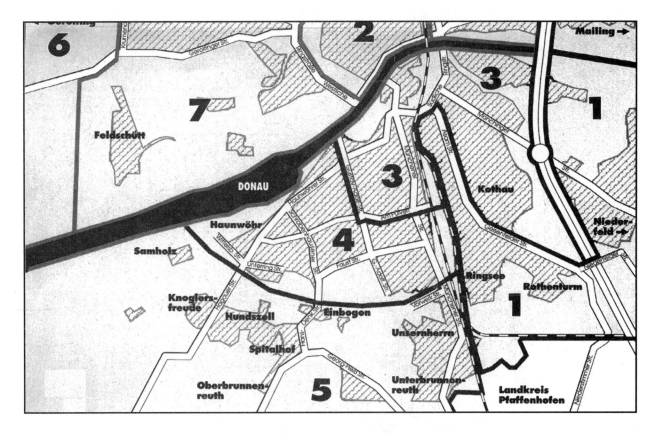

1. Sie wohnen in Hundszell. Wann kommen die Müllmänner und holen den Gelben Sack im März ab?

    _____

2. Sie wohnen in Haunwöhr. Wann kommen die Müllmänner im April?

    _____

3. Sie wohnen in Rothenturm. Wann kommen die Müllmänner im Mai?

    _____

4. Sie wohnen in Kothau. Wann kommen die Müllmänner im Januar?

    _____

5. Sie wohnen in Unsernherrn. Wann kommen die Müllmänner im Februar?

    _____

19 *Der Gelbe Sack.* Hier sehen Sie den Gelben Sack. Zu welcher Kategorie gehören diese Produkte *(Metalle, Verbundstoffe, Kunststoffe)* oder gehören sie nicht in den Gelben Sack? Schreiben Sie die richtige der drei Kategorien oder schreiben Sie „Das gehört nicht in den Gelben Sack".

1. Flaschen von Spülmitteln: _____

2. Alu-Folien: _____

3. Plastiktüte: _____

4. Joghurtbecher: _____

5. Dosen: _____

6. Getränkekarton: _____

7. Reifen: _____

8. Zeitungen: _____

9. Styropor: _____

10. Pfandflasche: _____

20 *Definieren Sie!* Schreiben Sie eine Definition für jedes Wort. Versuchen Sie, Relativpronomen in Ihren Definitionen zu benutzen!

Beispiel: Der Gelbe Sack
           Der Gelbe Sack ist ein Sack, der für Müll ist.

1. die Dose

      _____

2. der Schaumstoff

      _____

3. die Bio-Tonne

      _____

4. der Müllberg

      _____

5. die Einwegflasche

      _____

6. der Container

      _____

21 *Welches Verb passt am besten?*

reinwerfen
raustragen
sortieren
spülen
wiederverwerten

1. in die Tonne - in den Container - in den Müll

_____

2. Dosen und Becher - grüne und weiße Flaschen - Metalle und Kunststoffe

_____

3. Getränkekartons - Geschirr - Becher

_____

4. Glasflaschen - alte Sachen - gebrauchte Kleidung

_____

5. den Müll - den Küchenabfall - die Bio-Tonne

_____

22 *Seien Sie höflich!* **Benutzen Sie die Formen von** *hätten, wären* **oder** *würden* **in Ihren Bitten!**

Beispiel: Ihr Schulfreund hat sich Ihr Fahrrad geliehen.
   Würdest du mir bitte mein Fahrrad zurückgeben!

1. Ihr Freund ist zu laut.

_____

2. Ihr Bruder hört Musik, die Sie nicht mögen.

_____

3. Ihre Schulfreunde ärgern Sie.

_____

4. Ihre Lehrerin sagt die Hausaufgabe nicht.

_____

5. Ihre Eltern geben Ihnen Ihr Taschengeld nicht.

   _____

6. Ihre Schwester isst Ihre Schokolade.

   _____

7. Ihr Nachbar kommt mit schmutzigen Schuhen in Ihre Wohnung.

   _____

8. Ihr Bruder kann Ihre CD nicht finden.

   _____

23 *Bitten an den Deutschlehrer!* Sie wollen Ihren Deutschlehrer sprechen, aber er ist nicht in seinem Büro. Deshalb schreiben Sie ihm einen kurzen Brief, in dem Sie ihn um Folgendes bitten.

Beispiel: mir bitte mit den Hausaufgaben helfen
   Würden Sie mir bitte mit den Hausaufgaben helfen?

1. mir bitte die Arbeit mit der E-Mail schicken

   _____

2. mir bitte ein paar Fragen beantworten

   _____

3. mir bitte die Hausaufgaben erklären

   _____

4. mir bitte einen anderen Artikel zum Lesen vorschlagen

   _____

5. mir bitte ein Buch mitbringen

   _____

6. mir bitte mehr Bücher empfehlen

   _____

7. mir bitte ein paar Antworten noch einmal sagen

   _____

8. mir bitte mehr Beispiele geben

   _____

24 *Oh, diese Nachbarn!* Wenn sie nur nicht alles tun würden, was sie tun!

Beispiel: Der Nachbar mäht den Rasen heute Morgen um sechs Uhr.
           Wenn er nur den Rasen später mähen würde!

1. Die Nachbarin nimmt unsere Blumen.

   _____

2. Der Nachbar wirft seinen Müll in unsere Bio-Tonne.

   _____

3. Die Nachbarskinder nehmen unsere Fahrräder.

   _____

4. Der Nachbar liest unsere Post.

   _____

5. Die Nachbarin bittet uns jeden Tag um Hilfe.

   _____

6. Der Nachbar parkt vor unserer Garage.

   _____

7. Der Nachbarsjunge isst unsere Kirschen aus dem Garten.

   _____

8. Die Nachbarskinder feiern laute Partys.

   _____

25 *Schreiben Sie einen Dialog!* Eine Person ist für Recycling. Die zweite Person findet Recycling nicht so wichtig. Diskutieren Sie!

_____

_____

_____

_____

_____

_____

_____

_____

_____

_____

_____

_____

_____

_____

_____

26 *Wortspiel!* Identifizieren Sie jedes Wort und schreiben Sie es mit großen Buchstaben in die Tabelle! Wenn Sie fertig sind, ergibt sich ein Wort (von oben nach unten gelesen), das mit Müll und Entsorgen zu tun hat.

1. Es ist ein weiches Material. Man benutzt es zum Verpacken.

2. Das ist etwas, was man mit dem Müll aus der Küche macht. Man kann es im Garten benutzen.

3. Es ist eine Flasche, die man nur einmal benutzt und dann recycelt.

4. Das sind Reste vom Essen: Kartoffelschalen, Teebeutel, usw.

5. Der Müll kommt dorthin. Er ist sehr hoch.

6. Das ist ein Material, das man für Flaschen, Becher oder auch Spielzeug benutzen kann.

7. In diesen Container wirft man den Küchenabfall.

8. Das ist etwas, in dem man Essen (Erbsen, Spinat, Bohnen, Karotten, usw.) konservieren kann.

9. Das sind Sachen, die man kaufen kann.

10. Das ist Material aus Metall, das so dünn wie Papier ist.

11. Das ist ein Material, durch das man sehen kann. Man benutzt es für Flaschen.

12. Das ist eine große Tüte für alles, was man recyceln kann (zwei Wörter).

13. Es ist ein großes Ding für Glasflaschen und Dosen, die zur Wiederverwertung kommen.

Kapitel 3

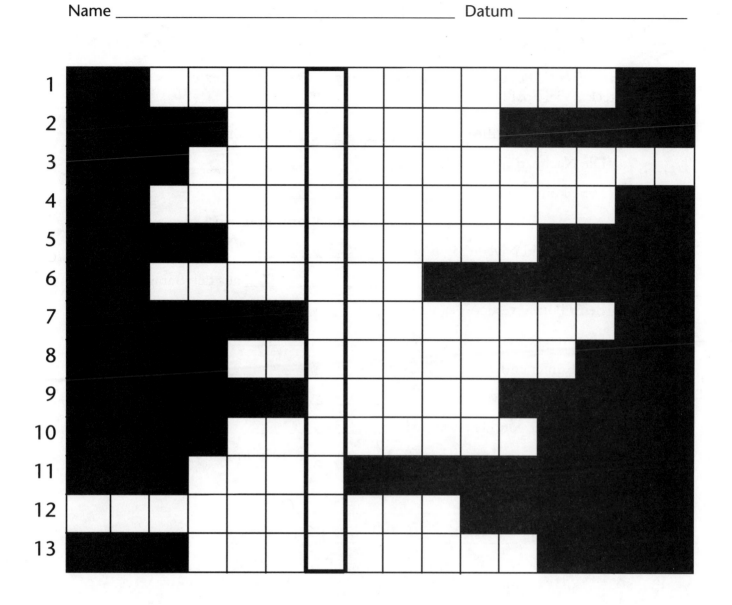

27 *Schnitzeljagd!* **Die Antworten zu diesen Fragen sind in den Texten des Kapitels versteckt. Viel Spaß!**

1. Für Weleda war die _____ immer ihr Zuhause.

2. Die Nachbarin von Weleda ist _____ .

3. Irene kommt aus _____ .

4. _____ ist Postdirektorin in ihrem Laden.

5. Sarnath und Nivedita kommen aus _____ .

6. Zwei Leute tragen ein _____ aus der Garage ins Haus.

7. Beim Putzen verliert der Vater seinen _____ .

8. Nur wenige Schweizer sprechen _____ .

9. Die Römer enthaupteten Felix und _____ .

10. Das Reparieren von Martins _____ kostet 30 DM.

11. Die Mutter von Heinrich hieß _____ von Poitou.

12. Im 11. Jahrhundert starben die Leute im Durchschnitt mit _____ Jahren.

13. Agnes wanderte nach _____ .

14. Der Dom in _____ ist 150 m hoch.

15. Eine _____ stinkt nicht und der Inhalt *(contents)* ist gut als Kompost.

16. _____ ist eine Sportart, die in den letzten Jahren beliebt geworden ist.

17. Renate bekam ihr Mountainbike zum _____ .

18. Renate trägt immer einen _____ .

Kapitel 4

1. *Eine Geschichte.* **Beantworten Sie die Fragen und finden Sie die richtigen zwölf Wörter aus dem Text „Hoppe, hoppe, Reiter". Mit den zwölf Antworten schreiben Sie dann eine eigene kleine Geschichte auf einem anderen Stück Papier!**

1. Worauf sitzt Kali im Garten und geht darauf hoch und runter?

   _____

2. Was findet man neben der Straße und Reiter fallen manchmal hinein?

   _____

3. Wo macht der Reiter „plumps", wenn er fällt?

   _____

4. Wer kann nie im Leben heiraten?

   _____

5. Welcher Mann zeigt den Tanzschülern, wie man tanzt?

   _____

6. Was hat vier Buchstaben und Kali, Frau Muschel und Herr Sever erzählen ihn sich auf der Bank?

   _____

7. Woran arbeitet Weleda?

   _____

8. Was hat außer einer Person noch einen Rücken?

   _____

9. Was ist eine Person, die sehr viel liest?

   _____

10. Wo dreht der Rabe seine Kreise?

    _____

11. Wo saßen Weleda und Kali, als Frau Muschel und Herr Sever um Hilfe riefen?

    _____

12. Was hat ein Mann, wenn er keine Haare hat?

    _____

2 *Lehrer spielen.* Stellen Sie sich vor, Sie sind ein Lehrer oder eine Lehrerin! Sagen Sie Ihren Schülern, was sie machen müssen! Sie können die folgenden oder andere Ausdrücke benutzen!

> **die Tafel wischen**
> **die Hausaufgaben erklären**
> **die Matheprüfung schreiben**
> **den deutschen Text lesen**
> **viel diskutieren**
> **die Stühle unter die Tische schieben**
> **das Klassenzimmer aufräumen**
> **Bleistifte und Kugelschreiber benutzen**
> **die Arbeit schreiben**
> **mehr lesen**

Beispiel: Vanessa
Vanessa, erkläre die Hausaufgaben!

1. Franziska, _____!

2. Sarah und Maria, _____!

3. Tobias und Dominik, _____!

4. Kevin, _____!

5. Max, Phillip und Laura, _____!

6. Julia, _____!

7. Felix und Christian, _____!

8. Alle Schüler, _____!

3 *Was ist überall los?* Beantworten Sie die Fragen!

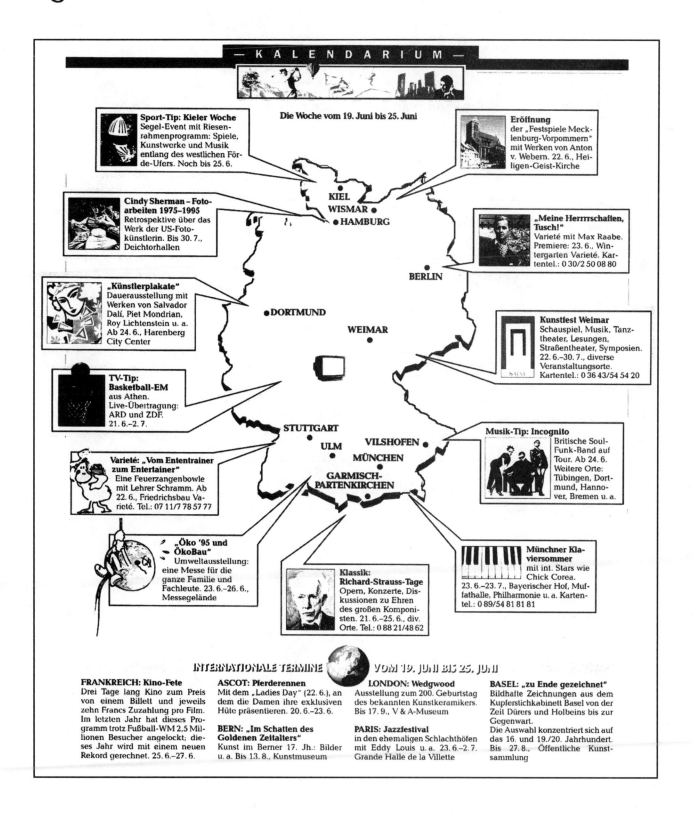

— KALENDARIUM —

Die Woche vom 19. Juni bis 25. Juni

Sport-Tip: Kieler Woche
Segel-Event mit Riesenrahmenprogramm: Spiele, Kunstwerke und Musik entlang des westlichen Förde-Ufers. Noch bis 25. 6.

Eröffnung
der „Festspiele Mecklenburg-Vorpommern" mit Werken von Anton v. Webern. 22. 6., Heiligen-Geist-Kirche

Cindy Sherman – Fotoarbeiten 1975–1995
Retrospektive über das Werk der US-Fotokünstlerin. Bis 30. 7., Deichtorhallen

„Meine Herrrrschaften, Tusch!"
Varieté mit Max Raabe. Premiere: 23. 6., Wintergarten Varieté. Kartentel.: 0 30/2 50 08 80

„Künstlerplakate"
Dauerausstellung mit Werken von Salvador Dalí, Piet Mondrian, Roy Lichtenstein u. a. Ab 24. 6., Harenberg City Center

Kunstfest Weimar
Schauspiel, Musik, Tanztheater, Lesungen, Straßentheater, Symposien. 22. 6.–30. 7., diverse Veranstaltungsorte. Kartentel.: 0 36 43/54 54 20

TV-Tip: Basketball-EM
aus Athen. Live-Übertragung: ARD und ZDF. 21. 6.–2. 7.

Musik-Tip: Incognito
Britische Soul-Funk-Band auf Tour. Ab 24. 6. Weitere Orte: Tübingen, Dortmund, Hannover, Bremen u. a.

Varieté: „Vom Ententrainer zum Entertainer"
Eine Feuerzangenbowle mit Lehrer Schramm. Ab 22. 6., Friedrichsbau Varieté. Tel.: 07 11/7 78 57 77

„Öko '95 und ÖkoBau"
Umweltausstellung: eine Messe für die ganze Familie und Fachleute. 23. 6.–26. 6., Messegelände

Klassik: Richard-Strauss-Tage
Opern, Konzerte, Diskussionen zu Ehren des großen Komponisten. 21. 6.–25. 6., div. Orte. Tel.: 0 88 21/48 62

Münchner Klaviersommer
mit int. Stars wie Chick Corea. 23. 6.–23. 7., Bayerischer Hof, Muffathalle, Philharmonie u. a. Kartentel.: 0 89/54 81 81 81

KIEL
WISMAR
HAMBURG
BERLIN
DORTMUND
WEIMAR
STUTTGART
ULM   VILSHOFEN
MÜNCHEN
GARMISCH-PARTENKIRCHEN

INTERNATIONALE TERMINE VOM 19. JUNI BIS 25. JUNI

FRANKREICH: Kino-Fete
Drei Tage lang Kino zum Preis von einem Billett und jeweils zehn Francs Zuzahlung pro Film. Im letzten Jahr hat dieses Programm trotz Fußball-WM 2,5 Millionen Besucher angelockt; dieses Jahr wird mit einem neuen Rekord gerechnet. 25. 6.–27. 6.

ASCOT: Pferderennen
Mit dem „Ladies Day" (22. 6.), an dem die Damen ihre exklusiven Hüte präsentieren. 20. 6.–23. 6.

BERN: „Im Schatten des Goldenen Zeitalters"
Kunst im Berner 17. Jh.: Bilder u. a. Bis 13. 8., Kunstmuseum

LONDON: Wedgwood
Ausstellung zum 200. Geburtstag des bekannten Kunstkeramikers. Bis 17. 9., V & A-Museum

PARIS: Jazzfestival
in den ehemaligen Schlachthöfen mit Eddy Louis u. a. 23. 6.–2. 7. Grande Halle de la Villette

BASEL: „zu Ende gezeichnet"
Bildhafte Zeichnungen aus dem Kupferstichkabinett Basel von der Zeit Dürers und Holbeins bis zur Gegenwart. Die Auswahl konzentriert sich auf das 16. und 19./20. Jahrhundert. Bis 27. 8., Öffentliche Kunstsammlung

1. In welcher Stadt spricht man über einen bekannten Komponisten?

   _____

2. Woher kommt die Band „Incognito"?

   _____

3. In welcher Stadt kann man diese Woche Musik und Theater genießen?

   _____

4. Was für eine Ausstellung gibt es diese Woche in Ulm?

   _____

5. Wo wird die Musik von Anton von Webern gespielt?

   _____

6. Welche Musikgruppe wird in Tübingen spielen?

   _____

7. In welcher Stadt kann man Wassersport treiben?

   _____

8. Welche amerikanische Künstlerin zeigt ihre Bilder in Deutschland?

   _____

9. In welchem Land findet die europäische Basketball-Meisterschaft statt?

   _____

4 *Entschuldigung!* Sie haben den Geburtstag Ihrer besten Freundin in der Schweiz vergessen. Schreiben Sie Ihrer Freundin, entschuldigen Sie sich und erklären Sie ihr, warum Sie diesen wichtigen Tag vergessen haben!

_____

_____

_____

_____

_____

_____

_____

_____

_____

_____

_____

_____

_____

_____

_____

_____

5 *Urlaub in Tirol!* Viele Leute fahren gern in dieses Bundesland Österreichs. Welchen Katalog bestellt wer? Diese Person...

KATALOGE:

STARKES LAND: Ein international renommierter Fotograf (Kurt Markus) und ein Tiroler Literatenduo (Stefanie Holzer, Walter Klier) zeigen Ihnen Ihr Tirol — in Schwarzweißbildern und ungewöhnlichen Texten. 36 Seiten, S 40,—

BERG: Detaillierte Informationen über hochalpine Schutzhütten, Berggasthöfe usw., umfangreiche Tirol-Kartographie. 72 Seiten, S 20,—

SCHNEE: Imagekatalog über den Tiroler Winter mit allen infrastrukturellen Einrichtungen der Tiroler Orte. 72 Seiten, S 20,—

TIROLER BAUERN: Spezialbroschüre für Urlaub am Bauernhof. Mehr als 400 Bauernhöfe sind in Bild und Text dargestellt. Darüberhinaus Informationen über Bergbauernhöfe, Landgasthöfe und Ab-Hof-Verkauf von Tiroler Spezialitäten. S 20,—

KULTUR LAND TIROL: Kulturführer durch das imperiale Tirol, S 20,—, sowie saisonal gültige Veranstaltungskalender.

FISCH UND FLIEGE: Katalog für Freunde des Angelsports mit Spezialhinweisen zu Fliegenfischen in Tirol.

ZELT UND STERNE: Campingbroschüre über die ca. 100 Tiroler Campingplätze.

GOLF: Die Tiroler Golfplätze und Golfhotels stellen sich vor.

REITEN: Spezialbroschüre über Reiterferien in Tirol.

SCHLANK & SCHÖN: Alle Tiroler Schönheits- und Gesundheitshotels.

TENNIS: Tennishotels und Spezialangebote für Tennisfreunde.

FAMILIENHOTELS: Hotels und Orte mit speziellen Kinder- und Familienangeboten.

SERVUS IM HERBST: Verzeichnis spezieller Angebote für den Herbst.

BAHN & SCHIFF: Dieser Folder informiert darüber, wie man das Bergland Tirol per Bahn und per Schiff bereist.

REISEN MIT DER NATUR: Broschüre all jener Betriebe, die mit dem „Umweltsiegel Tirol" ausgezeichnet wurden (erhältlich ab Mai 1994).

KISA (Kongreß-Incentive-Seminar-Alpin): Broschüre mit allen professionellen Tiroler Partnern für Ihren Kongreß, Ihre Incentivereise oder Ihr Seminar.

TIROLER WIRTSHAUSFÜHRER: Ein Verzeichnis jener Gastronomiebetriebe, die das „Tiroler Wirtshausschild" als Zeichen der Pflege heimischer Gasthaustradition führen. S 110,—

WERBEMITTELKATALOG: Auflistung aller Informationsmaterialien der Tirol Werbung: Kataloge, Broschüren, Plakate und Kunstposter.

1. interessiert sich fürs Fischen.

   _____

2. wandert gern in den Alpen.

   _____

3. arbeitet bei einer großen Firma und soll eine Konferenz organisieren.

   _____

4. will im Winter nach Tirol reisen.

   _____

5. möchte gern ein paar Photos von Tirol sehen.

   _____

6. möchte mit ihren drei Kindern in Tirol Urlaub machen.

   _____

7. möchte in ihrem Urlaub Tennis spielen.

   _____

8. schläft gern in der freien Natur.

   _____

6 *Ferienpläne!* Wählen Sie einen der Urlaube aus der Übung 5 und schreiben Sie mindestens acht Sätze, was Sie dort tun würden!

Beispiel: ZELT UND STERNE
Ich würde an einen See fahren. Am Tag würde ich wandern und schwimmen. Am Abend würde ich am Strand sitzen.

_____

_____

_____

_____

_____

_____

_____

_____

7 *Das Treffen der Mitfahrer!* Ergänzen Sie den Dialog!

Vor dem Bahnhof

Max: Hallo! Bist du Lisa von der Mitfahrzentrale? Du fährst nach Schwerte, oder?

Lisa: _____

Max: Max. Ich bin froh, dass es geklappt hat. Wann fahren wir denn?

Lisa: _____

Max: Müssen wir auf eine andere Person warten?

Lisa: _____.

Max: Fährt sie auch bis Schwerte mit?

Lisa: _____.

Max: Wenn wir zwanzig Minuten warten, kaufe ich schnell etwas zu essen.
Darf ich im Auto essen?

Lisa: _____.

Max: Ich versuche vor der Abreise fertig zu sein.

Lisa: _____.

Max: O.k. Ich bin gleich wieder da und wenn Katja da ist, kann die Reise beginnen!

Kapitel 4

8 *Verkehrszeichen.* Welches Bild gehört zu welchem Text? Kombinieren Sie!

_____ 1.   A. Fußgängerüberweg

_____ 2.   B. Tankstelle

_____ 3.   C. Ufer

_____ 4.   D. Parken auf Gehwegen

_____ 5.   E. Zelt- und Wohnwagenplatz

_____ 6.   F. Erste Hilfe

_____ 7.   G. Wanderparkplatz

_____ 8.   H. Einbahnstraße

_____ 9.   I. Vorgeschriebene Fahrtrichtung rechts und links

9 *Gesucht: Mitfahrgelegenheit.* Füllen Sie dieses Formular für eine Mitfahrgelegenheit aus!

Gerhard's Mitfahrzentrale - Netscape

Datei Bearbeiten Ansicht Gehe Fenster Hilfe

Zurück Vor Neu laden Anfang Suchen Guide Drucken Sicherheit Stop

Lesezeichen Adresse: http://www.hof.de/mitfahr/formular.shtml

Internet Nachschlagewerk Neues&Interess

Gerhard's Mitfahrzentrale

Mitglied bei VIP-Links

Ich [suche ▼] eine Mitfahrgelegenheit

Ich will das Formular mit Hilfetexten!

von: [_____] **in** [Deutschland ▼]

nach: [_____] **in** [Deutschland ▼]

über: [_____] , [_____] , [_____]

Dieses Angebot/Gesuch gilt im Zeitraum

[9] . [12] . [1997] – [9] . [12] . [1998]

Abfahrt in der Zeit

[08] : [00] – [18] : [00] Uhr

Plätze: [ ]

Raucher: [nein]

Bemerkung: [_____]

Name: [_____]

E-Mail: [_____]

Telefon: [_____]

Passwort: [_____]

(ohne Passwort ist später keine Änderung möglich!)

Anfrage für weitere User in die Datenbank eintragen
(bitte unbedingt Name, Telefon oder E-Mail und ein Passwort angeben!)

http://www.hof.de/mitfahr/homehelp.shtml

10 *Was passt hier zusammen?* **Verbinden Sie die beiden Teile der Sätze!**

_____1. Ich klopfe seit einer halben Stunde

_____2. Interessierst du dich auch

_____3. Vielleicht sollten wir deine Eltern

_____4. Hans wartet seit 15 Minuten

_____5. Du erinnerst dich aber noch

_____6. Renate und Manfred arbeiten viel

_____7. Renate nimmt nächstes Jahr

_____8. Hans träumt

A. auf den Bus.

B. an ihrem alten Auto.

C. an viele Details aus dem letzten Urlaub.

D. an Rennen teil.

E. an die Tür.

F. von einem langen Urlaub in Tirol.

G. für Tennis?

H. um Hilfe bitten.

11 *Wie aßen die Leute im Mittelalter?* Lesen Sie den Text und beantworten Sie die Fragen!

Bevor sie anfingen zu essen, wuschen sich der Burgherr und seine Gäste die Hände. Dann segnete der Burgpriester die Mahlzeit.

Die Burgherren des Mittelalters und ihre Familien aßen viel Fleisch. Besonders gern mochten sie Wild (Hirsch, Fasan, Rebhuhn und Hasen) in dicken, stark gewürzten Saucen. Die Kirche verlangte zwar, daß die Menschen mittwochs und freitags Fisch statt Fleisch zu sich nehmen sollten, doch die meisten mißachteten diese Vorschrift und zahlten statt dessen lieber eine Strafe.

Gewöhnliche Leute aßen mehr Gemüse – meistens gekocht in Suppe oder Eintopf. (Zu jener Zeit hielt man rohes Obst und Gemüse für ungesund.) Kohl, Porree und Knoblauch waren ebenso beliebt wie ein dicker Brei aus getrockneten Erbsen oder Bohnen. Menschen, die auf den Feldern hart arbeiteten, mußten pro Tag mindestens ein Kilo Brot essen. Kartoffeln gab es nicht, und Reis war ein Luxusartikel. Zum Abschluß eines vornehmen Festmahls gab es oft noch einen Nachtisch aus Gebäck, Zucker und Marzipan.

1. Was machten die Leute, bevor sie aßen?

   _____

2. Was aßen der Burgherr und seine Familie?

   _____

3. An welchen Tagen sollten die Leute kein Fleisch essen?

   _____

4. Was sollten die Leute an diesen Tagen anstatt Fleisch essen?

   _____

5. Was aßen die gewöhnlichen Leute?

   _____

6. Warum mussten manche Leute mindestens ein Kilo Brot essen?

   _____

   _____

7. Welche Lebensmittel gab es nicht oder nur sehr selten?

   _____

8. Was aßen die Leute zum Nachtisch?

   _____

12 *Sie waren da!* Beschreiben Sie Ihren Tag auf dem Schlossfest! Hier sind einige Beispiele, was man so alles machen kann.

> **in der Burg beim Kochen helfen**
> **ein Pferd reiten**
> **ein Picknick machen**
> **zu alter Musik tanzen**
> **alte Kleider tragen**
> **singen**

_____

_____

_____

_____

_____

_____

_____

_____

_____

_____

13 *Das Schlossfest!* **Kombinieren Sie die Sätze mit Präpositionen und Relativpronomen!**

Beispiel: Die Schlossfeste waren für Ritter sehr wichtig. Die Ritter erzählten oft von Schlossfesten.

Die Schlossfeste, von denen die Ritter oft erzählten, waren für die Ritter sehr wichtig.

1. Die Schlossfeste sind etwas Interessantes. Viele Historiker schreiben über die Schlossfeste.

   Die Schlossfeste, _____

   _____

   _____ .

2. Viele charmante Damen waren auf dem Fest. Die Ritter träumten von den charmanten Damen.

   Viele charmante Damen, _____

   _____

   _____ .

3. Das Schlossfest dauerte zwei Tage. Viele Ritter nahmen am Schlossfest teil.

   Das Schlossfest, _____

   _____

   _____ .

4. Die Turniere *(tournaments)* waren sehr schwer. Die Ritter bereiteten sich lange auf die Turniere vor.

   Die Turniere, _____

   _____

   _____ .

5. Der Tag des Turniers kam endlich. Die Ritter warteten schon lange auf den Tag.

   Der Tag des Turniers, _____

   _____

   _____ .

6. Die Kämpfe dauerten den ganzen Tag. Viele Ritter interessierten sich für die Kämpfe.

   Die Kämpfe, _____

   _____

   _____ .

7. Das Essen nach den Kämpfen war besonders gut. Die Ritter und Zuschauer freuten sich auf das Essen.

   Das Essen nach den Kämpfen, _____

   _____

   _____ .

8. Die Festtage hatten den Teilnehmern viel Spaß gemacht. Die Teilnehmer erinnerten sich lange an die Festtage.

   Die Festtage, _____

   _____

   _____ .

14 *Was sagen Sie?* Schreiben Sie die Sätze zu Ende!

1. Gibt es einen Tag, auf _____ ?

2. Das sind die Kinder, an _____ .

3. Am Montag gibt es eine Prüfung, auf _____ .

4. Das ist die nette Austauschschülerin, über _____ .

5. Wann kommen die Leute, bei _____ ?

6. Das ist die Lehrerin, von _____ .

7. Am Dienstagnachmittag zeige ich dir das Projekt, an _____ .

8. Renate heißt die Tante, an _____ .

15 *Seltsame Maschinen!* Lesen Sie diese Artikel über einen Roboter und eine Kaffeemaschine und beantworten Sie die folgenden Fragen!

Roboter:

IN KÜRZE

Roboter spielt Volleyball
Eine japanische Firma hat einen Roboter entwickelt, der Volleyball spielen kann. Nach Angaben des Unternehmens Toshiba reagiert er auf menschliche Anordnungen durch Bild und Stimmerkennung. Die Maschine kann einen Ball einer bestimmten Farbe aufnehmen und ihn einem menschlichen Mitspieler zuwerfen. Die Firma hat den Roboter nach eigenen Angaben so entwickelt, daß er künftig auch in der Altenpflege eingesetzt werden könnte.

1. Welchen Sport kann dieser Roboter spielen?

   _____.

2. In welchem Land wurde dieser Computer gebaut?

   _____.

3. Mit wem spielt der Roboter?

   _____.

4. Was kann der Roboter mit dem Ball machen?

   _____.

Kaffeemaschinen:

IN KÜRZE

Wetterfühlige Kaffeemaschinen
Ein Tiefdruckgebiet hat in den Niederlanden mehrere hundert Kaffeemaschinen stillgelegt. Das teilte der Kaffeekonzern Douwe Egberts in Utrecht mit. Im vergangenen November war es innerhalb weniger Tage zu einer Serie von Defekten im ganzen Land gekommen. Nun erklärte ein Firmensprecher, durch den extrem niedrigen Luftdruck sei der Siedepunkt des Kaffeewassers gesenkt worden. Es habe deshalb schneller als normal zu kochen begonnen, wodurch eine Sicherung gegen Überhitzung aktiviert worden sei. So hätten viele Niederländer bei schlechtem Wetter auch noch auf ihr geliebtes „kopje koffie" verzichten müssen.

1. Die Kaffeemaschinen funktionierten nicht wegen  _____.

   A. des Wetters

   B. des Wassers

   C. eines Stromausfalls

Kapitel 4

2. Die Kaffeemaschinen funktionierten nicht _____.

    A. in Utrecht

    B. in den Niederlanden

    C. in einigen Teilen des Landes

3. Das Wasser kochte _____.

    A. langsamer als normal

    B. so wie immer

    C. schneller als normal

4. Ein „kopje koffie" ist niederländisch für _____.

    A. eine Kaffeemaschine

    B. eine Tasse Kaffee

    C. eine Kaffeefirma

16 *Alles, was Sie wollen!* Was würden Sie tun, wenn Sie eine Stunde lang Direktor Ihrer Schule wären? Machen Sie eine Liste mit Ihren fünf wichtigsten Wünschen!

Beispiel: Wenn ich Direktor wäre, wäre die Pause vier Stunden lang.

1. _____

_____

2. _____

_____

3. _____

_____

4. _____

_____

5. _____

_____

17 *Auto oder keines?* Melissa und Frank müssen sich entscheiden, ob sie sich ein Auto kaufen sollten. Melissa macht eine Liste. Setzen Sie die Verben im Konjunktiv ein!

Beispiel: Wenn wir ein Auto ____ (haben), dann ____ (werden) wir mehr ausgehen.
Wenn wir ein Auto hätten, dann würden wir mehr ausgehen.

Vorteile:

Wenn wir ein Auto _____ (haben), dann _____ (werden) ich nicht immer mit dem Bus oder der Straßenbahn fahren. Frank _____ (sein) froh, weil er länger schlafen _____ (werden). Dann _____ (sein) wir auch schneller an vielen Orten und _____ (werden) so Zeit sparen. Ich _____ (werden) auch öfter nach Hause fahren und meine Eltern besuchen.

Nachteile:

Wenn wir uns ein Auto kaufen _____ (werden), dann _____ (werden) wir viel Geld für das Auto ausgeben. Mit dem Auto _____ (werden) wir die Umwelt mehr als mit dem Bus oder dem Zug verschmutzen.

Frank und ich _____ (haben) Streit, wenn wir beide das Auto benutzen wollten.

Name _____ Datum _____

18 *Angelas Jonglierer Homepage!* Angela ist eine gute Freundin von Knut. Lesen Sie
ihre Web-Seite und beantworten Sie die folgenden Fragen!

Netscape

Datei Bearbeiten Ansicht Gehe Fenster Hilfe

Zurück Vor Neu laden Anfang Suchen Guide Drucken Sicherheit Stop

Lesezeichen Adresse: http://www.ompublishing.com/ALahm/jonglage/

Internet Nachschlagewerk Neues&Interess

Über die Autorin dieser Seiten

⬆ zurück nach oben

Ich selbst jongliere mit drei und vier Bällen, drei Keulen, ich kann ein Diabolo in der Luft bzw. an der Leine halten, und
das Einradfahren ist mir auch nicht ganz unbekannt. Meine große Liebe gilt aber ganz unbestreitbar den drei Bällen.
Total schön finde ich das Contact-Juggling, auch wenn ich da noch nicht ganz so fit bin. Einen meiner Lieblingstricks
habe ich mal für diese Seite webtauglich aufgearbeitet, und Ihr könnt ihn Euch ansehen und nachjonglieren!

Vielleicht interessiert es ja den einen oder die andere, was ich außer dem Jonglieren so mache. Naja, um ehrlich zu sein,
vernachlässige ich das Jonglieren zur Zeit etwas, statt dessen mache ich so lustige Sachen wie Homepages basteln oder
fürs Vordiplom lernen. Also, wer mehr über mich wissen möchte: Hereinspaziert!

⬆ zurück nach oben

Ich würde mich sehr freuen, wenn Ihr mir ein wenig Rückmeldung geben würdet, was Euch gefallen hat, was Euch
weniger (oder gar nicht) gefallen hat, und was Ihr Euch für eine solche Seite noch wünschen würdet. Auch für Tips zu
interessanten Links und ähnlichem bin ich immer dankbar. Erreichen könnt Ihr mich ganz einfach per eMail oder über
mein Gästebuch (das Ihr Euch natürlich auch einfach nur mal ansehen könnt). Ich verwalte dieses Gästebuch zur Zeit
noch per Hand, es kann also einen Tag dauern, bis Ihr Euren eigenen Eintrag findet.

Dokument: Übermittelt

---

1. Wie viele Jongliertricks kann Angela?

   _____

2. Womit jongliert sie?

   _____

3. Mit wie vielen Bällen jongliert Angela am liebsten?

   _____

4. Welches andere Hobby hat Angela außer Jonglieren?

   _____

5. Was tut Angela, wenn sie nicht am Computer sitzt oder jongliert?

   _____

19 *Hier ist Angelas Lieblingstrick.* Sehen Sie sich die Zeichnungen an und lesen Sie die Texte! Welche Zeichnung gehört zu welchem Text? Wenn Sie die Antworten herausgefunden haben, können Sie vielleicht selbst diesen Balltrick versuchen.

_____ 1. Die linke Hand wirft Ball 1 in einem flachen Bogen in die Mitte des Jonglierraumes und bleibt für den nächsten Wurf rechts.

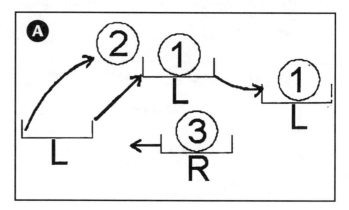

_____ 2. Die rechte Hand wirft Ball 2 im Rückwärtskaskadenmuster zur linken Mitte, dann fängt sie Ball 1 auf dem Höhepunkt seiner Flugbahn und trägt ihn **über** den linken Arm nach links außen.

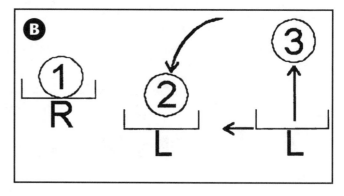

_____ 3. Die linke Hand wirft Ball 3 **unter** dem rechten Arm gerade nach oben und geht dann zur linken Mitte, um Ball 2 zu fangen.

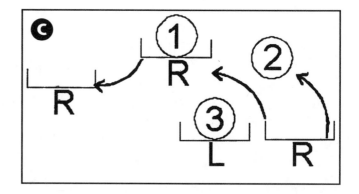

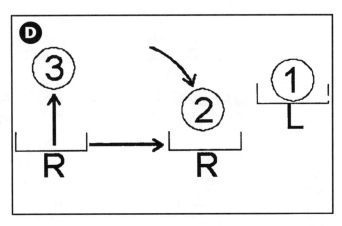

_____ 4. Die rechte Hand wirft Ball 1 in einem flachen Bogen in die Mitte des Jonglierraumes und geht dann nach rechts, um Ball 3 zu fangen.

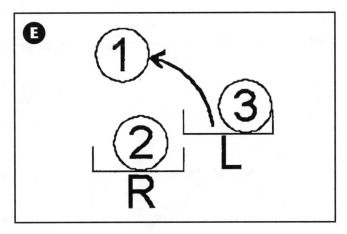

_____ 5. Die linke Hand wirft Ball 2 im Rückwärtskaskadenmuster zur rechten Mitte, dann fängt sie Ball 1 auf dem Höhepunkt seiner Flugbahn und trägt ihn über den rechten Arm nach rechts außen.

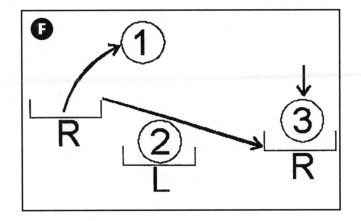

_____ 6. Die rechte Hand wirft Ball 3 **unter** dem linken Arm gerade nach oben und geht dann zur rechten Mitte, um Ball 2 zu fangen.

Tip: Wenn Sie dieses Grundmuster beherrschen, können Sie es durch einen kleinen Trick vervollkommnen. In den Schritten 3 und 6 werfen Sie Ball 3 nicht gerade hoch, sondern in einem kleinen Bogen zur Mitte hin. Dann folgen die drei Bälle einander wie kleine Enten, die über einen Hügel laufen.

20 *Ihren eigenen Witz, bitte!* Schreiben Sie Ihren eigenen Witz und lesen Sie ihn der Klasse vor! Die folgenden sind zwei Beispiele.

„Ihr Sohn saß neben der Klassenbesten und hat die ersten vier Fragen genauso beantwortet wie sie."

„Na und? Er hat eben gelernt."

„Mag sein", meint der Schuldirektor. „Aber die nächste Frage hat das Mädchen beantwortet mit: ‚Weiß ich nicht.' Und Ihr Sohn schrieb: ‚Ich auch nicht!'"

„Hilfst du auch immer schön deiner Mutter?" fragt die Tante, die zu Besuch ist.

„Klar!" sagt Sabine, „ich muss immer die silbernen Löffel zählen, wenn du weggefahren bist."

_____

_____

_____

_____

_____

_____

_____

_____

Kapitel 5

1 *Was war denn los?* Als Weleda wieder weg ist, wollen die anderen Berggeister wissen, was los war. Der Meister der Berggeister spricht mit seinen Leuten über den Besuch von Weleda. Welche Fragen stellen die anderen Berggeister? Hier sind die Antworten des Meisters.

Beispiel: *Meister:*   Sie suchte einen besonderen Edelstein.
          Frage: Warum war die Frau hier bei uns?

1. _____

   Sie kann eine halbe Stunde in die Zukunft sehen.

2. _____

   Sie braucht einen Amethyst.

3. _____

   Ja, ich habe ihr drei Fragen gegeben.

4. _____

   Ja, sie hat die Fragen sehr gut beantwortet.

5. _____

   Es war die Frage: Gab es schon einmal einen König von Deutschland, Ungarn und Böhmen?

6. _____

   Die Antwort war natürlich König Albrecht V.

7. _____

   Das war 1438.

8. _____

   Sie ist auf einem Taler zu sehen, den die Leute den Maria-Theresien-Taler nennen.

9. _____

   Sie hatte die Antworten auf ein Stück Papier geschrieben.

10. _____

   Sie fand mein Edelstein-Licht besonders toll.

11. _____

   Sie sagte mir, dass unser Volk einen besonders klugen Führer hat.

2 *Neues Benimm-Buch speziell für Manager!* Lesen Sie den Artikel und beantworten Sie die folgenden Fragen!

Neues Benimm-Buch speziell für Manager

(gms) Ein neuer „Knigge" bietet Managern Ratschläge zu Umgangsformen in der Geschäftswelt. Er greift Themen wie Korruption, Mobbing, Klatsch und Kündigung auf und enthält Hinweise zur Kleidung, zu den Gesetzen des Duzens oder zu Rücksichten beim Umgang mit dem Handy. Den Kapiteln über Arbeitsessen, Betriebsklima und Korruption ist jeweils eine Checkliste beigefügt, mit der Geschäftspartner etwa feststellen können, wie pünktlich – oder unpünktlich – sie zum Empfang erscheinen dürfen. Zum internationalen Teil gehören 74 Länderstichworte, die landestypische Gepflogenheiten und Tabus verzeichnen („Managerknigge 2000" von Heinz Commer und Johannes von Thadden, Econ Verlag Düsseldorf, 58 Mark).

1. Für wen ist dieses neue *Benimm-Buch?*

   _____

2. Was sind einige Themen, über die man in diesem Buch lesen kann?

   _____

3. Wie wissen Geschäftspartner, wie pünktlich sie kommen dürfen?

   _____

4. Wer hat dieses Buch geschrieben?

   _____

5. Wie viel kostet es?

   _____

6. Wann würden Sie so ein Buch benutzen?

   _____

3 *Du oder Sie?* Schreiben Sie drei kurze Dialoge, in denen Sie entweder *du* oder *Sie* benutzen. Denken Sie daran, in welcher Situation man was sagt!

Beispiel: *Frau Meier:* Hans und Erika, könnt ihr mir mal helfen?
Hans und Erika: Ja, Frau Meier. Wir helfen Ihnen gern.

_____

_____

_____

_____

_____

_____

_____

_____

_____

4 *Ihre Klasse.* Beantworten Sie die Fragen über Ihre Klasse mit ganzen Sätzen!

1. Wer ist der beste Schüler/die beste Schülerin? Warum?

_____

2. Wer erzählt die dümmsten Witze?

_____

3. Wer hat die schnellsten Antworten?

_____

4. Wer hat die meiste Freizeit?

_____

5. Wer hat den schwersten Job?

_____

6. Wer schreibt die längsten Aufsätze?

_____

5 *So...wie* oder *als?* Schreiben Sie Ihre Meinung!

Beispiele: Sind Flugzeuge so teuer wie Autos?
Nein, Flugzeuge sind teurer als Autos.

Ist ein Witz so lustig wie eine Scherzfrage?
Ja, ein Witz ist so lustig wie eine Scherzfrage.

1. Ist der Herbst so schön wie der Winter?

   _____

2. Sind Lehrer so intelligent wie Schüler?

   _____

3. Sind Bücher so interessant wie Filme?

   _____

4. Ist Geld haben so schön wie Zeit haben?

   _____

5. Schmeckt Schokolade so gut wie Blumenkohl?

   _____

6. Ist Autofahren so schnell wie Fliegen?

   _____

7. Sind neue Computer so groß wie alte Computer?

   _____

8. Sind Eltern so laut wie Kinder?

   _____

6 *Was meinen Sie?* Beantworten Sie die Fragen mit ganzen Sätzen und benutzen Sie die Graphik dazu!

	Herr Sever	**Weleda**	**Frau Muschel**	**der Berggeist**
Alter	54 Jahre	mindestens 100.000 Jahre	45 Jahre	100 Jahre
Gewicht	90 Kilo	60 Kilo	60 Kilo	20 Kilo
Größe	176 Zentimeter	180 Zentimeter	165 Zentimeter	45 Zentimeter

1. Wer ist älter als Frau Muschel?

   _____

2. Wer ist am ältesten?

   _____

3. Wer wiegt mehr als Frau Muschel?

   _____

4. Wer wiegt so viel wie Weleda?

   _____

5. Wer wiegt weniger als Weleda und Frau Muschel?

   _____

6. Wer ist am größten?

   _____

7. Wer ist größer als Frau Muschel?

   _____

8. Wer ist die kleinste Person?

   _____

7 *Österreich-Quiz!* **Verwenden Sie die Landkarte, um die folgenden Fragen zu beantworten!**

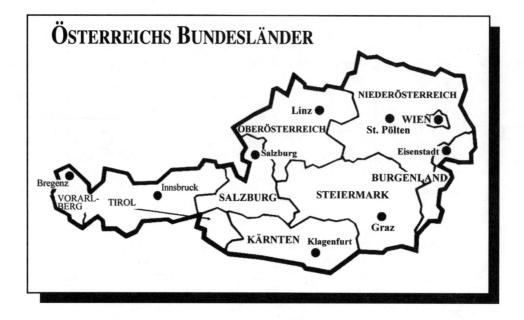

1. Das ist das westlichste Bundesland.

   _____

2. Dieses Bundesland grenzt an Ungarn.

   _____

3. Dieses Bundesland ist so groß wie eine Stadt.

   _____

4. Dieses Bundesland grenzt im Norden an Deutschland und im Süden an Italien.

   _____

5. Das ist das südlichste Bundesland Österreichs.

   _____

6. Die Hauptstadt dieses Bundeslandes heißt Graz.

   _____

7. In diesen beiden Bundesländern haben die Hauptstädte die gleichen Namen wie die Bundesländer.

   _____

8. Der zweite Teil im Namen dieser zwei Bundesländer ist derselbe.

   _____

Name _____ Datum _____

8 *Wo essen wir heute Abend?* Philipp, Manuela und Anna treffen sich heute mit ihren vier Freunden Bernd, Uschi, Matthias und Monika in Wien. Sie wollen ausgehen, aber jeder will etwas anderes essen.

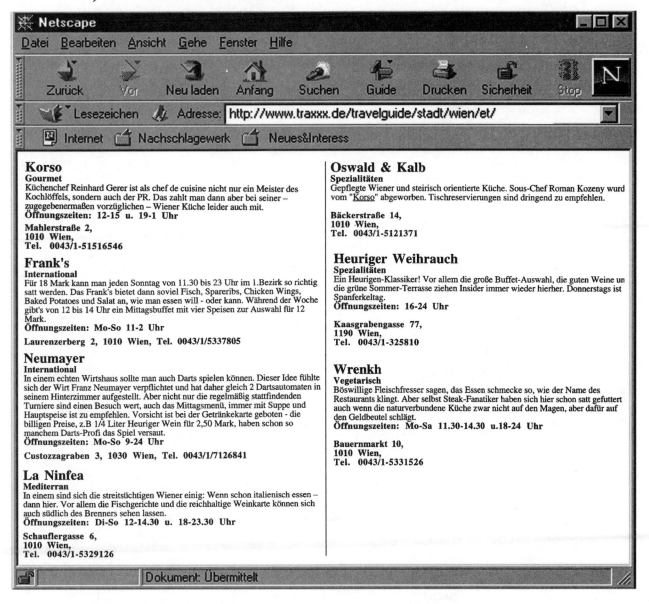

Korso
Gourmet
Küchenchef Reinhard Gerer ist als chef de cuisine nicht nur ein Meister des Kochlöffels, sondern auch der PR. Das zahlt man dann aber bei seiner – zugegebenermaßen vorzüglichen – Wiener Küche leider auch mit.
Öffnungszeiten: 12-15 u. 19-1 Uhr

Mahlerstraße 2,
1010 Wien,
Tel. 0043/1-51516546

Frank's
International
Für 18 Mark kann man jeden Sonntag von 11.30 bis 23 Uhr im 1.Bezirk so richtig satt werden. Das Frank's bietet dann soviel Fisch, Spareribs, Chicken Wings, Baked Potatoes und Salat an, wie man essen will - oder kann. Während der Woche gibt's von 12 bis 14 Uhr ein Mittagsbuffet mit vier Speisen zur Auswahl für 12 Mark.
Öffnungszeiten: Mo-So 11-2 Uhr

Laurenzerberg 2, 1010 Wien, Tel. 0043/1/5337805

Neumayer
International
In einem echten Wirtshaus sollte man auch Darts spielen können. Dieser Idee fühlte sich der Wirt Franz Neumayer verpflichtet und hat daher gleich 2 Dartsautomaten in seinem Hinterzimmer aufgestellt. Aber nicht nur die regelmäßig stattfindenden Turniere sind einen Besuch wert, auch das Mittagsmenü, immer mit Suppe und Hauptspeise ist zu empfehlen. Vorsicht ist bei der Getränkekarte geboten - die billigen Preise, z.B 1/4 Liter Heuriger Wein für 2,50 Mark, haben schon so manchem Darts-Profi das Spiel versaut.
Öffnungszeiten: Mo-So 9-24 Uhr

Custozzagraben 3, 1030 Wien, Tel. 0043/1/7126841

La Ninfea
Mediterran
In einem sind sich die streitsüchtigen Wiener einig: Wenn schon italienisch essen – dann hier. Vor allem die Fischgerichte und die reichhaltige Weinkarte können sich auch südlich des Brenners sehen lassen.
Öffnungszeiten: Di-So 12-14.30 u. 18-23.30 Uhr

Schauflergasse 6,
1010 Wien,
Tel. 0043/1-5329126

Oswald & Kalb
Spezialitäten
Gepflegte Wiener und steirisch orientierte Küche. Sous-Chef Roman Kozeny wurd vom "Korso" abgeworben. Tischreservierungen sind dringend zu empfehlen.

Bäckerstraße 14,
1010 Wien,
Tel. 0043/1-5121371

Heuriger Weihrauch
Spezialitäten
Ein Heurigen-Klassiker! Vor allem die große Buffet-Auswahl, die guten Weine un die grüne Sommer-Terrasse ziehen Insider immer wieder hierher. Donnerstags ist Spanferkeltag.
Öffnungszeiten: 16-24 Uhr

Kaasgrabengasse 77,
1190 Wien,
Tel. 0043/1-325810

Wrenkh
Vegetarisch
Böswillige Fleischfresser sagen, das Essen schmecke so, wie der Name des Restaurants klingt. Aber selbst Steak-Fanatiker haben sich hier schon satt gefuttert auch wenn die naturverbundene Küche zwar nicht auf den Magen, aber dafür auf den Geldbeutel schlägt.
Öffnungszeiten: Mo-Sa 11.30-14.30 u.18-24 Uhr

Bauernmarkt 10,
1010 Wien,
Tel. 0043/1-5331526

1. Monika kommt gerade aus den USA zurück und mag deshalb amerikanisches Essen sehr gern.

_____

2. Manuela möchte endlich mal wieder so richtig Spagetti essen.

_____

3. Bernd interessierte sich für die lokale Küche.

_____

4. Anna isst kein Fleisch.

   _____

5. Philipp ist das Essen eigentlich egal, aber er würde gern Darts spielen.

   _____

6. Uschi hat viel von Küchenchef Gerer gehört und möchte in seinem Restaurant essen.

   _____

7. Matthias würde gern beim Essen draußen sitzen.

   _____

9 *Auskunft, bitte!* Schreiben Sie den Dialog zu Ende!

Martina: Grüß Gott! Ich interessiere mich für eine Picknicktour. Können Sie mir eine bestimmte Tour vorschlagen?

Angestellter: Interessieren Sie sich für eine Tour heute oder am Wochenende?

Martina: _____

Angestellter: Am Wochenende kann man bei der Picknicktour in Klagenfurt alte Kirchen, Schlösser und ein Museum besichtigen.

Martina: _____

Angestellter: Nicht weit — 15 Kilometer von hier.

Martina: _____

Angestellter: Man kann draußen essen und auch schwimmen.

Martina: _____

Angestellter: 40 DM für den Tag, mit Fahrrad und Essen. Sie müssen um sieben Uhr dreißig da sein.

Martina: _____

Angestellter: Ich glaube, Sie sind um fünfzehn Uhr fertig, wenn Sie schwimmen und auch ins Museum gehen.

Martina: _____

Angestellter: Gut! Es wird bestimmt Spaß machen.

10 *Wenn ich die Fehler nur nicht gemacht hätte!* Sie hatten einen schlimmen Tag. Alles ging schief. Am Abend denken Sie darüber nach, was passiert wäre, wenn Sie die Fehler nicht gemacht hätten! Schreiben Sie wenigstens fünf Sätze!

Beispiel: Wenn ich früher aufgestanden wäre, dann wäre ich nicht zu spät zur Schule gekommen. Und wenn ich nicht zu spät zur Schule gekommen wäre, dann...

_____

_____

_____

_____

_____

_____

_____

_____

_____

_____

_____

11 *Renates schlimmes Rennen!* Renate spricht mit ihrem Trainer über ihre Probleme. Beenden Sie die Sätze für sie!

Renate: Dieses Rennen ist nicht so gut gelaufen. Wenn ich mehr trainiert hätte,

dann _____.

Trainer: Mach dir keine Sorgen! Bist du beim Rennen müde geworden?

Renate: Ja, wenn ich mehr geschlafen hätte, dann _____

_____.

Trainer: Gab es sonst noch etwas?

Renate: Ja, ich glaube, ich habe falsch gegessen. Wenn ich vorgestern besser

gegessen hätte, dann _____

_____.

Trainer: Ja, vielleicht. Was ist sonst passiert?

Renate: Ja, da war noch das Problem mit meinem Fahrrad. Wenn meine Bremsen

funktioniert hätten, dann _____

_____.

Trainer: Du brauchst vielleicht ein neues Fahrrad. Ist das alles, was dir Probleme gemacht hat?

Renate: Nein, auch das Wetter. Wenn es nicht geregnet hätte, dann_____

_____.

Trainer: War die Sonnenbrille ein Problem?

Renate: Viel zu dunkel! Ich wusste nicht, dass es regnen würde. Wenn ich die

Sonnenbrille nicht getragen hätte, dann _____

_____.

Trainer: Denk jetzt nicht mehr daran! Beim nächsten Mal geht es bestimmt besser.

12 *Dichten!* Schreiben Sie ein Gedicht wie Walther von der Vogelweide! Hier ist der Anfang!

Ich saß auf einer Wiese,

13 *Ihr Traumzimmer (dream room).* Wie sieht Ihr Traumzimmer aus? Malen Sie hier ein Bild mit allen Sachen, die Sie gern hätten und dann beschreiben Sie Ihr Zimmer!

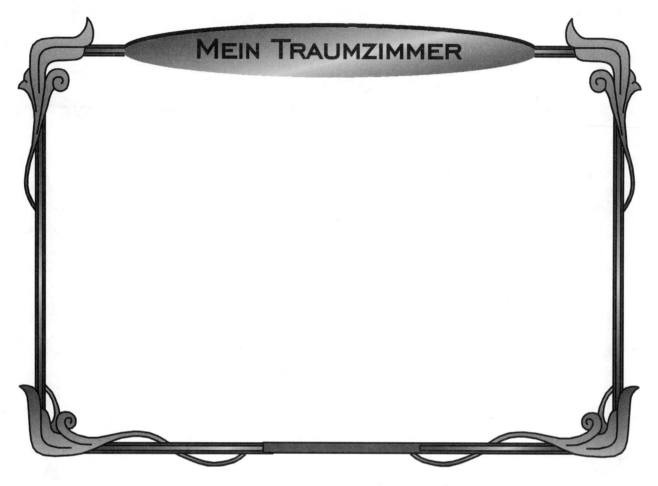

MEIN TRAUMZIMMER

Wenn ich mein Traumzimmer hätte, würde es so aussehen: Ich hätte...

_____

_____

_____

_____

_____

_____

_____

14   *Definieren Sie diese Wörter!*

1. der Spiegel

   _____

2. der Fernseher

   _____

3. der Vorhang

   _____

4. der Boden

   _____

5. die Steckdose

   _____

6. die Lampe

   _____

7. der Teppich

   _____

8. das Regal

   _____

15   *Welches Substantiv passt?*

Couch	Teppich	CD-Spieler	Stuhl	Ecke	Vorhang

1. Wenn ich meine Hausaufgaben mache, sitze ich lange auf dem _____ an meinem Schreibtisch und lerne.

2. Wenn ich fertig bin, lege ich mich auf die _____ und sehe fern.

3. Mein Bruder ist so unordentlich! Er wirft seine Sachen immer in die_____, anstatt sie aufzuhängen.

4. Bevor ich schlafe, mache ich immer den _____ zu, so dass es im Zimmer dunkel ist.

5. Weil mein Vater so viele Schallplatten hat, will er keinen _____ kaufen. Er mag die neue Technologie nicht.

6. Meine Mutter möchte einen neuen _____ für das Wohnzimmer kaufen. Er soll direkt in der Mitte des Zimmers liegen.

16 *Erikas Stelle in einem Reisebüro.* Steffi ist neugierig und stellt Erika deshalb viele Fragen. Beginnen Sie Erikas Antworten mit „Ja" oder „Nein"!

Beispiele: Bist du mit deiner neuen Stelle zufrieden?
Ja, ich bin damit zufrieden.

Bist du mit deinen Kollegen zufrieden?
Nein, ich bin mit ihnen nicht zufrieden.

1. Musst du viel über fremde Länder wissen?

_____

2. Arbeitest du jeden Tag mit Kunden?

_____

3. Arbeitest du viel mit dem Computer?

_____

4. Sprichst du oft mit deinen Kollegen?

_____

5. Erzählst du deiner Chefin von deinen Freunden?

_____

6. Interessierst du dich für Reisen?

_____

7. Möchtest du viel über fremde Kulturen lernen?

_____

8. Unterhältst du dich oft mit deinen Kollegen?

_____

Name _____ Datum _____

17 *Tanzschule Scheinecker in Österreich!* Lesen Sie den Text und dann beantworten Sie die Fragen!

1. Wie viele verschiedene Kurse kann man in der Tanzschule Scheinecker machen?

   _____

2. An welchem Tag treffen sich die Tanzschüler für den fortgeschrittenen Kurs Stufe 2?

   _____

3. Wie lange dauern die Tanzkurse Rock & Roll?

   _____

4. Wie viel kostet der Tanzkurs für Anfänger?

   _____

5. An welchem Tag im Herbst beginnt der erste Kurs für Fortgeschrittene Stufe 1?

   _____

6. Wen kann man zur Perfektion mitbringen?

   _____

18 *Finden Sie das Wort!* Finden Sie zuerst das Wort in jedem Satz. Die Nummer nach dem Wort sagt Ihnen, welchen Buchstaben Sie für die Lösung nehmen sollen. Wenn Sie diese Buchstaben gesammelt haben, bringen Sie sie in die richtige Reihenfolge und dann haben Sie ein wichtiges Wort aus dem Kapitel! Schreiben Sie alle Wörter mit großen Buchstaben! Das Beispiel gehört auch zur Antwort.

Beispiel: Weleda muss den Berggeist in seiner _____ (5) treffen. _E_
HÖHLE: 5 = E

1. Der Berggeist fragt, was „tu _____ (4) Austria nube" heißt? ____

2. Zuerst ist der Berggeist nicht sehr freundlich und nicht sehr_____ (6).____

3. Weleda besucht den Berggeist in _____ (2). ____

4. Der Berggeist gibt Weleda eine_____ (6), wie das Licht funktioniert.____

5. Weleda bekommt einen Edelstein von dem _____ (8). ____

6. Maria Theresia ist aus dem Hause _____ (1). ____

7. Weleda sieht den Berggeist in der Höhle und sonst _____ (3). ____

8. Der Berggeist spricht mit einem _____ (1) Akzent. ____

9. Der Berggeist gibt Weleda drei _____ (1). ____

das Wort aus dem Kapitel = ___ ___ ___ ___ ___ ___ ___ ___ ___ ___

19 *Buchstabensalat.* Mit diesen Buchstaben können Sie mindestens sechs neue Wörter schreiben, die in dem Kapitel vorkommen. Sie dürfen keine Buchstaben benutzen, die nicht auf der Liste stehen. Wenn ein Buchstabe zwei Mal auf der Liste ist, heißt das, dass er zwei Mal in einem Wort vorkommt. Viel Spaß!

| Ä A B C D E E F H H I K L M N N O Ö P P R S T U |

Beispiel: BENEHMEN

_____

_____

_____

_____

_____

_____

_____

Kapitel 6

1 *Da stimmt etwas nicht.* Weleda liest ein paar Stichwortkarten über „Piraten von heute". Auf einer Karte kann sie aber nicht alles verstehen. Was stimmt auf der Karte nicht? Wer hat denn so einen Unsinn *(nonsense)* geschrieben? Welche Information scheint falsch zu sein?

Piratenschiffe heute

Am Ende des 20. und am Anfang des 21. Jahrhunderts gab es immer noch Piraten auf den Meeren der Welt. Ein Piratenschiff fährt meistens unter der Nationalfahne von England, weil England eine Nation von Seefahrern ist. Deshalb zahlen die Piraten oft ihre Steuern an den König von England. Sie dürfen aber ein Taschengeld behalten, weil sie auch Geld für den Einkauf im Supermarkt brauchen. Die Technik auf den Piratenschiffen ist heute oft modern: es gibt Telefon, Telefax, Computer und viel Lärm aus CD-Spielern und Radios. Die Piraten heute fahren auf kleinen, schnellen Booten neben den großen Schiffen her. Sie springen dann auf die großen Schiffe und nehmen sich, was sie brauchen. Dann sind sie so schnell wieder weg, wie sie gekommen sind. Viele Kapitäne haben Angst vor den modernen Piraten und machen alle Türen und Fenster zu, wenn sie zu nahe am Land vorbeifahren. Die kleinen Boote der Piraten fahren oft auf hoher See, aber nicht gern in der Nähe von Häfen und Inseln. Sie können schnell, aber nicht weit fahren. Es gibt heute wieder Piraten, weil auf den großen Containerschiffen nur wenige Seeleute fahren und die Schiffe heute keine Waffen führen. Da ist es leicht, mit drei oder vier Piraten ein ganzes Containerschiff zu nehmen. Die Schiffe behalten sie dann für sich.

_____

_____

_____

_____

_____

_____

_____

_____

_____

_____

2 *Wen haben Sie gern?* Beschreiben Sie Ihre Lieblingslehrerin oder Ihren Lieblingslehrer von früher oder von heute! Was hat Ihnen an dieser Person am besten gefallen? Schreiben Sie mindestens acht Sätze!

_____

_____

_____

_____

_____

_____

_____

_____

3 *Was hätten Sie in der Schule anders gemacht?* Stellen Sie sich vor, Sie könnten Ihre Schuljahre in der High School noch einmal erleben. Was hätten Sie geändert oder anders gemacht? Schreiben Sie darüber!

_____

_____

_____

_____

_____

_____

_____

_____

4 *Stellen Sie sich vor!* Sie müssen raten, wer aus Ihrer Klasse in 20 Jahren die berühmteste Person sein wird. Wer ist die Person und warum ist sie berühmt geworden? Schreiben Sie über diese Person!

_____

_____

_____

_____

_____

_____

_____

_____

5 *Zu viel Arbeit und zu wenig Zeit!* Ergänzen Sie die Sätze mit Modalverben im Perfekt!

Das Wochenende war nicht lang genug! Ich _____ so viel

_____ (müssen). Meine Mutter_____

(wollen), dass ich mein Zimmer aufräume. Das _____ ich

zuerst _____ (sollen). Das _____ ich

nicht _____ (wollen), aber ich _____

es _____ (müssen). Dann sollte ich Klavier üben, weil ich am

nächsten Tag Klavierunterricht hatte. Das Üben _____ ich

nie _____ (mögen), auch wenn ich sehr gern Klavier spiele.

Während ich geübt habe, _____ meine Brüder mein

„Konzert" nicht _____ (mögen), aber sie

_____ auch viel _____ (müssen).

Niemand _____ (dürfen), was er machen wollte!

6 *Nach zwanzig Jahren!* Stellen Sie sich vor, dass Sie jetzt 38 Jahre alt sind und mit Heidi in derselben Klasse waren. Sie kommen von Ihrem 20-jährigen Klassentreffen zurück. Beschreiben Sie, was die Leute in den letzten 20 Jahren alles anders haben machen wollen, müssen, können, mögen oder dürfen!

Beispiel: Herbert / wollen / seine alten Freunde öfter sehen
　　　　　　Herbert hat seine alten Freunde öfter sehen wollen.

1. Heidi / wollen / einen anderen Job finden

　　_____

2. Regina / sollen / einen anderen Mann heiraten

　　_____

3. Herbert / wollen / keine Kinder haben

　　_____

4. Regina / können / mehr reisen

　　_____

5. Linda / müssen / nicht zurück nach England gehen

　　_____

6. Silvia / mögen / immer noch Klassensprecherin sein

　　_____

7. Julian / dürfen / als Jongleur arbeiten

　　_____

8. Oliver / mögen / sein Leben lang noch Klassenclown spielen

　　_____

7 *Dialoge ergänzen.* Schreiben Sie die Dialoge zu Ende! Benutzen Sie das Modalverb aus dem ersten Satz auch im zweiten Satz!

Beispiel:
Gisela: Was / du als Kind nie / dürfen
　　　　　Was hast du als Kind nie gedurft?
Brent: Ich / nie laute Musik hören
　　　　　Ich habe nie laute Musik hören dürfen.

1. *Gisela:* Was / du als Kind immer / wollen

   _____

   _____

   Brent: Ich / Feuerwehrmann werden

   _____

   _____

2. *Gisela:* Was / deine Eltern immer / müssen

   _____

   _____

   Brent: Sie / früh zur Arbeit gehen

   _____

   _____

3. *Gisela:* Wenn man den Gelben Sack hat raustragen müssen, wer / es / sollen

   _____

   _____

   Brent: Mein Bruder / ihn raustragen

   _____

   _____

4. *Gisela:* Was / du als Kind gut / können

   _____

   _____

   Brent: Ich / gut Fußball spielen

   _____

   _____

5. *Gisela:* Was / du als Kind nicht gern / mögen

   _____

   _____

   Brent: Ich / keinen Blumenkohl essen

   _____

   _____

8 *Wohin?* Hier haben Sie Informationen zu Sehenswürdigkeiten in Bremen. Wohin fahren Sie als Reiseleiter, um Ihre Gäste glücklich zu machen? Die gleiche Antwort ist mehr als einmal möglich.

DAS RATHAUS

In gotischem Stil, zwischen 1405 und 1410 errichtet, gehört es zu den besten Zeugnissen norddeutscher Baukunst. Faszinierend seine Fassade, eine der bemerkenswertesten Europas. Sie wurde im Rahmen eines 200 Jahre später erfolgten Umbaus im Stil der Weser-Renaissance von Lüder von Bentheim geschaffen. Im Inneren des Hauses besonders erwähnenswert: Die Obere Halle – vornehmlich repräsentativen Empfängen und Festlichkeiten vorbehalten – die in sie eingegliederte Güldenkammer, der Festsaal, der Kaminsaal, das Gobelinzimmer und der Senatssaal. In ihm finden die Kabinettssitzungen der Landesregierung, des Senats, statt.

DER ROLAND

Er ist der berühmteste von 27 Roland-Statuen auf der Welt, Wahrzeichen der Stadt, Symbol für Recht und Freiheit. Aus Stein gehauen und 1404 errichtet, überstand er seine hölzernen Vorgänger, deren einer 1366 im Kampf um die Stadtfreiheit von den Mannen des Erzbischofs verbrannt worden war, alle späteren Wirren und Gefahren. Jedoch: er mußte mehrfach restauriert werden, zuletzt 1983. Sein Korpus wurde gegen die Unbilden der Umwelt geschützt, Schild und Gewand wurden in früheren Farben bemalt. Und: Sein Kopf – vom Zahn der Zeit nicht ungeschoren geblieben, mußte ausgewechselt werden. Von einem Gitter umgeben, nach einstigem Vorbild neu geschmiedet, präsentiert er sich wieder wie eh und je.

DIE STADTMUSIKANTEN

Sie sind als die „Esel-Hund-Katze-Hahn-Gruppe" international so bekannt, wie man nur sein kann, was sich in Schul- und Märchenbüchern vieler Länder beweisen läßt. Ob sie aber je nach Bremen kamen, wer weiß? Muß ja auch nicht, oder? Hauptsache: Die Bremer Stadtmusikanten sind diejenigen, welche... Und schuld daran sind die Brüder Grimm! Weshalb es auch viele Darstellungen der Stadtmusikanten besonders in Bremen gibt. Die inzwischen zur beliebtesten gewordene und mit internationalem Ruhm ausgezeichnete ist jene 1951 von dem Bildhauer Gerhard Marcks geschaffene Bronzeplastik an der Westseite des Rathauses.

DER RATSKELLER

Der Bremer Ratskeller besteht seit über einem halben Jahrtausend an heutiger Stelle. Er ist das „köstliche und angenehme Fundament des im Jahre 1405 errichteten Bremer Rathauses.

Zwischen langen Reihen unterirdischer Säulen, die das ehrwürdige Rathaus tragen, breitet sich der Hauptraum des Kellers, die dreischiffige große Halle aus. Mit ihren mächtigen Gewölben, großen Schmuckfässern und gemütlichen Priölken hat sie sich viel Ursprüngliches bewahrt. Von dem Hauptkeller her erschließen sich zahlreiche weitere Kellerräume, von denen jeder seine eigene Geschichte hat.

Zu regionaler und internationaler Küche stehen über 600 Sorten deutschen Weins bereit. Kein Wunder also, daß sich in der langen Geschichte des fast sechs Jahrhunderte alten Kellers so mancher hat von Bacchus inspirieren lassen, wie z. B. Heinrich Heine, Wilhelm Hauff, Johannes Brahms, Max Bruch, Arthur Fitger oder Karl Dannemann. Weit mehr Raum als sämtliche Gasträume nehmen die Lagerkeller ein. Allein der Faßkeller vermag nahezu eine halbe Million Liter Wein und der Flaschenkeller weitere 500.000 Flaschen zu fassen. Der Bremer Ratskeller ist ein vielverzweigtes unterirdisches Reich.

DAS „HAUS DER BÜRGERSCHAFT"

Unverkennbar als Bauwerk der Neuzeit, fügt es sich – entgegen mancher anfänglicher Bedenken – mit all seiner Transparenz und Eigenwilligkeit seiner modernen Stilmittel harmonisch in das historische Bild des Marktplatzes ein. Es ist der Sitz des Landtags und der bremischen Stadtbürgerschaft. Dem Landtag gehören sämtliche Abgeordnete des Zwei-Städte-Staats an, insgesamt 100, davon 80 aus Bremen und 20 aus Bremerhaven. Die stadtbremischen Abgeordneten bilden zugleich das Gemeindeparlament. Wer immer aber auch tagt in diesem Haus: Im allgemeinen Sprachgebrauch heißt es nur „Die Bürgerschaft". Und jeder im Lande weiß, was darunter zu verstehen ist.

Eine Gruppe möchte...

1. etwas sehen, was Bremen symbolisiert.

   _____

2. etwas sehen, was mit einem Märchen zu tun hat.

   _____

3. hingehen, wo sie essen kann.

   _____

4. etwas sehen, was eine Person zeigt.

   _____

5. ein Gebäude sehen, das nicht sehr alt ist.

   _____

6. etwas sehen, was ein paar Tiere zeigt.

   _____

7. etwas sehen, wo sich die Regierung der Stadt trifft.

   _____

9 *Architektur-Sommer in Hamburg.* Lesen Sie den Artikel und beantworten Sie die Fragen!

Architektur-Sommer in Hansestadt Hamburg

(gms) Architektur von der Renaissance bis zur Gegenwart wird in mehr als 50 Ausstellungen, Vorträgen und Führungen in Hamburg behandelt. In der Hansestadt findet bis in den November hinein zum zweiten Mal nach der „Hamburger Architektur-Sommer" statt. Nach Angaben der Tourismus-Zentrale Hamburg umfaßt das Programm unter anderem Ausstellungen über Flughafen- sowie über Bahnhofsarchitektur, ferner ein Gemeinschaftsprojekt zur Hafenbebauung von Hamburg und Rotterdam. Interessierten bietet die Tourismus-Zentrale Übernachtungen ab 63 Mark je Person an. *Informationen:* Tourismus-Zentrale, Postfach 10 22 49 in 2 00 95 Hamburg, Telefon (0 40) 30 05 13 00.

Eine Grußkarte aus Hamburg schicken Joana (links) und Jolanda an ihre Freunde zu Hause. Immer mehr Besucher aus dem Umland kommen zu Tagesbesuchen in die Hansestadt. Von rund 55 Millionen Touristen im vergangenen Jahr waren fast 40 Millionen Tagesgäste. Die Tourismuswirtschaft will in diesem Jahr die Kurzurlauber gezielt umwerben.

1. Wie lange dauert der Architektur-Sommer in Hamburg?

   _____

2. Was für Architektur kann man auf der Tour sehen?

   _____

   _____

3. Wie kann man eine Übernachtung buchen?

   _____

4 Wie viele Gäste kamen letztes Jahr nach Hamburg?

   _____

5. Wie viele von den Gästen blieben nur für den Tag?

   _____

6. Was machen Joana und Jolanda?

   _____

10 *Wir segeln mit!* Hier haben Sie die Informationen von der Organisation „LebenLernen auf Segelschiffen". In dem Feld „Warum möchten Sie mitsegeln" müssen Sie erklären, warum Sie mitfahren wollen! Hier haben Sie einige Ideen. Viel Glück!

> gern segeln
>
> auf einer Insel übernachten
>
> gern mit anderen Leuten zusammenarbeiten
>
> schon oft gesegelt
>
> etwas Neues lernen
>
> andere Länder sehen
>
> gern auf dem Meer sein

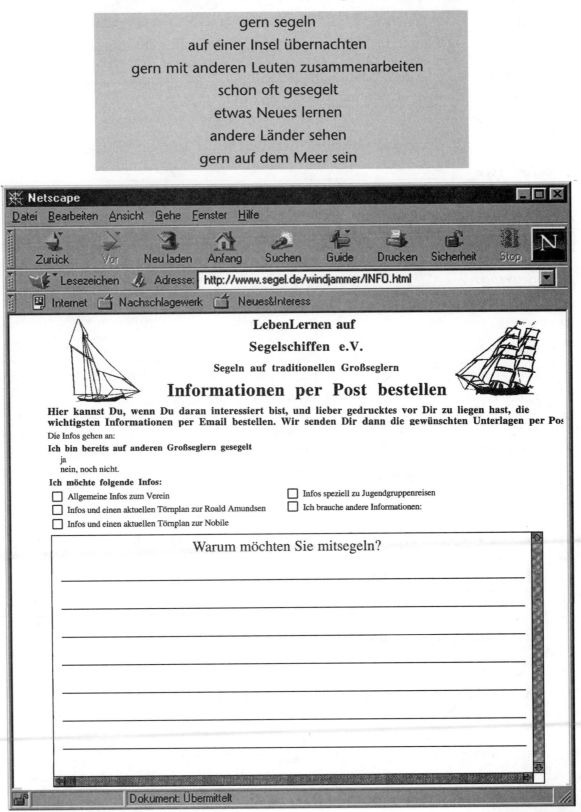

11 *Das Bewerbungsgespräch.* Ergänzen Sie den Dialog zwischen dem Bewerber und Interviewer!

Bewerber:	Guten Tag!
Interviewer:	Guten Tag! Sie sind bestimmt für ein Bewerbungsgespräch hier.
Bewerber:	_____
Interviewer:	Wie heißen Sie denn?
Bewerber:	_____
Interviewer:	Setzen Sie sich bitte! Erzählen Sie, warum Sie mitsegeln wollen.
Bewerber:	_____
Interviewer:	Und warum glauben Sie, dass unser Programm interessant ist?
Bewerber:	_____
Interviewer:	Warum wären Sie ein gutes Mitglied für unser Team?
Bewerber:	_____
Interviewer:	Gut. Ich lasse Sie morgen wissen, ob Sie mit uns fahren können. Haben Sie Fragen für mich?
Bewerber:	_____
Interviewer:	Wir fahren dieses Mal in die Ostsee. Einer der Orte, den wir besuchen wollen, ist die alte Hansestadt Lübeck.
Bewerber:	_____
Interviewer:	Ja, ganz bestimmt. Ihre Telefonnummer habe ich schon. Auf Wiedersehen!
Bewerber:	Auf Wiedersehen!

12 *Was Rotkäppchen alles sollte und durfte!* Schreiben Sie die Sätze!

1. Rotkäppchen / sollen / besuchen / die Großmutter

_____

2. Rotkäppchen / dürfen / tragen / die neue Mütze

_____

3. Rotkäppchen / können / gehen / allein / zur Großmutter

_____

4. Rotkäppchen / sollen / sprechen / nicht mit dem Wolf

_____

5. Rotkäppchen / sollen / kommen / schnell nach Hause

_____

6. Rotkäppchen / wollen / mitbringen / Blumen

_____

7. Rotkäppchen / wollen / wissen / viel von der Großmutter

_____

8. Rotkäppchen / sollen / folgen / der Mutter

_____

13 *Jürgens neues Bücherregal.* Jürgen braucht ein Bücherregal für sein neues Zimmer. Er kauft eins, das man selbst zusammenbauen muss. Das ist billiger und macht Spaß. Nachdem er fertig ist, schreibt er seinem Freund Erich, was er alles machen musste. Beginnen Sie jeden Satz nicht mit dem Subjekt, sondern mit einem anderen Satzteil!

Beispiel: mit dem Bus zum Kaufhaus fahren
Mit dem Bus musste ich zum Kaufhaus fahren.

1. im Kaufhaus das richtige Regal aussuchen

_____

2. an der Kasse bezahlen

_____

3. das Regal zum Auto tragen

_____

4. zu Hause die Teile auspacken

_____

5. dann lesen, wie man es zusammenbaut

_____

6. danach die Teile zusammenbauen

_____

7. dann das Regal an die Wand stellen

_____

8. meine Bücher ins Regal stellen

_____

14 *Tapeten oder nicht? Lesen Sie die folgende Werbung und beantworten Sie die Fragen!*

Vor dem Lesen:

Was finden Sie besser: eine Holzdecke oder eine Decke ohne Holz? Warum?

_____

_____

_____

_____

Lesen:

1. Welchen Nachteil hat eine Decke, die nicht aus Holz ist?

   _____

2. Welche zwei Vorteile hat eine Holzdecke?

   _____

   _____

3. Wie heißt die Firma, die dieses Produkt verkauft?

   _____

4. In welcher Stadt ist diese Firma?

   _____

5. Diese Firma hat Ideen für Haus und Garten. Was meinen Sie: Welche anderen Produkte kann man noch dort kaufen?

   _____

   _____

15 *Und die anderen Zimmer?* Nachdem Familie Waldenberger tapeziert hat, wollen sie noch mehr im Haus renovieren. Setzen Sie das Wort ein, das am besten passt!

Boden	Heizung
legen	streichen
Fliesen	Werkstatt

Herr Waldenberger: Wir sollten Farbe kaufen, damit wir den Keller _____ können.

Frau Waldenberger: Vielleicht sollten wir auch gleich den Handwerker anrufen und ihn bitten, im Keller eine _____ einzubauen. Dann wäre es wärmer.

Herr Waldenberger: Das ist eine gute Idee. Dann habe ich endlich eine _____ für meine Werkzeuge.

Frau Waldenberger: Das Badezimmer ist auch schon sehr alt. Vielleicht könnten wir neue _____ legen?

Herr Waldenberger: Ja, dann könnten wir dort auch eine neue Stromleitung _____ . Dann hätten wir endlich mehr Licht in diesem dunklen Zimmer.

Frau Waldenberger: In der Küche hätte ich auch gern etwas gemacht. Wie wäre es, wenn wir einen neuen _____ legen würden? Der alte ist wirklich nicht mehr schön.

16 *Montagmorgen!* Silvia wacht am Montagmorgen auf und will nicht aufstehen. Schreiben Sie, was sie denkt!

Beispiel: ich zu Hause bleiben können
Wenn ich nur zu Hause bleiben könnte!

1. ich nicht aufstehen müssen

   _____

   _____

2. ich länger schlafen können

   _____

   _____

3. ich nicht in die Schule müssen

   _____

   _____

4. ich Latein besser verstehen können

   _____

   _____

5. ich jeden Montagmorgen vermeiden können

   _____

   _____

6. nichts mehr lernen müssen

   _____

   _____

7. alle Lehrer nicht zur Schule kommen können

   _____

   _____

8. sie die Schule schließen müssen

   _____

   _____

17 *Wieder zu Hause!* Willi schreibt an einen Freund und erzählt ihm von seiner Reise auf der „Windjammer". Hier sind ein paar Sachen, die er gern ändern würde.

Beispiel: Wenn / ich nur / Geld / dürfen / verdienen
Wenn ich nur Geld hätte verdienen dürfen!

1. Wenn / wir nur / dürfen / länger segeln

   _____

   _____

2. Wenn / ich nur / der Kapitän / können / sein

   _____

   _____

3. Wenn / wir nur / nicht immer schlechtes Essen / müssen / essen

   _____

   _____

4. Wenn / ich nur / diese Reise früher / können / machen

   _____

   _____

5. Wenn / wir nur / können / länger schlafen

   _____

   _____

6. Wenn / wir nur / mehr in der Sonne / dürfen / liegen

   _____

   _____

7. Wenn / wir nur / sollen / weniger arbeiten

   _____

   _____

8. Wenn / wir nur / länger / in manchen Häfen / können / bleiben

   _____

   _____

18 *So viele Museen!* Auf der nächsten Klassenfahrt wollen die Schüler Museen besichtigen. Hier sind ein paar Vorschläge, die Frau Braun macht. Notieren Sie (Buchstaben A–I), wer sich für welches Museum interessiert!

1. Julian interessiert sich für alte Waffen.

   _____

2. Silvias Großvater war Schneider.

   _____

3. Herbert möchte wissen, wie Könige und Fürsten gewohnt haben.

   _____

4. Oliver möchte später einmal Pilot werden.

   _____

5. Kevin und Arnold interessieren sich für die Geschichte der Energiequellen.

   _____

6. Philipp war letztes Jahr in Prag, wo er den jüdischen Friedhof besucht hat.

   _____

7. Frau Braun sammelt alte Puppen.

   _____

8. Sabine kauft gerne Schuhe.

   _____

9. Christian mag Museen nicht besonders. Sie sind ihm zu stickig und alt. Er ist lieber draußen im Freien.

   _____

19 *So viele Fragen!* Reginas Mutter will mehr über die Klassenfahrt wissen. Sie will wissen, ob Regina bestimmte Sachen braucht und wann alles passiert. Schreiben Sie die Fragen auf, die sie ihrer Tochter stellt!

Organisation

Beispiel: du / einen Pass brauchen
 Weißt du, ob du einen Pass brauchst?

1. du / Essen mitbringen sollen

 _____

2. du / einen Schlafsack brauchen

 _____

3. du / zu Hause anrufen können

 _____

4. du / mehr als einen Rucksack mitbringen dürfen

 _____

5. du / einen Badeanzug mitnehmen sollen

 _____

Zeitplan

Beispiel: ihr / in Düsseldorf ankommen
 Weißt du, wann ihr in Düsseldorf ankommt?

6. du / morgen aufstehen müssen

 _____

7. du / am Morgen abfahren

 _____

8. die Schüler / sich vor der Schule treffen müssen

 _____

9. der Reiseleiter / kommen

 _____

10. ihr / nach Hause zurückkommen

 _____

20 *Knoten: Welche zwei Knoten sind echt (real)?* Lesen Sie den Text und lösen Sie das Problem!

> Man sieht hier fünf Knoten. Aber der Schein trügt, sie sind nicht alle echt.
> Unsere Preisfrage lautet: Erkennen Sie die echten?

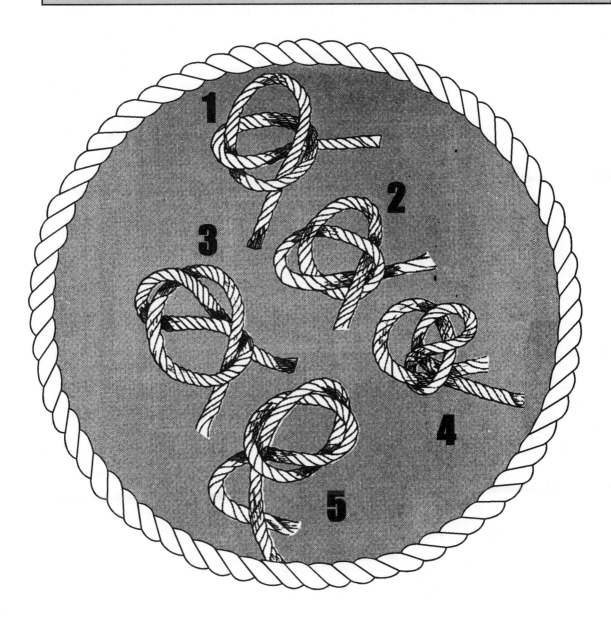

_____

_____

21 *Schnitzeljagd!* Können Sie die Antworten im Kapitel finden? Versuchen Sie es!

1. Das sind die Leute, die ein Hundeleben führen.

   _____

2. Das ist die Person, die immer Sachen in die Luft wirft.

   _____

3. Das ist eine Austauschschülerin aus England.

   _____

4. Das ist die Person, die Ärtzin werden will.

   _____

5. Das ist die Person, die Schiffbau lernt.

   _____

6. Das ist die Person, die aus Bremen eine freie Stadt gemacht hat.

   _____

7. Das ist ein Schiff, das zum Programm Windjammer gehört.

   _____

8. Das ist die Person, die eine Stelle auf der Nobile haben möchte.

   _____

9. Das ist die Person, die 1402 enthauptet wurde.

   _____

10. Das ist die Familie, die gern tapeziert.

    _____

11. Das ist die Person, die ihr eigenes Zimmer haben will.

    _____

12. Das ist die Person, die fragt, was man mit kaputten Sachen macht.

    _____

13. Das ist die Person, die ein Museum leitet.

   _____

14. Das ist die Person, die gern mit Holz, Plastik, Metall und Glas arbeitet.

   _____

15. Das ist die Person, die so spät durch Nacht und Wind reitet.

   _____

Kapitel 7

1 *Wo sind Kali und Rieke?* Lesen Sie die einzelnen Texte und folgen Sie den Anweisungen *(instructions)*!

Kali und Rieke treffen sich zum ersten Mal auf einer Computerausstellung in der Westfalenhalle. Rieke ist in der Handtasche einer Verkäuferin mitgekommen. Sie sieht Kali in der großen Halle nicht sofort und schreibt eine Nachricht auf Papier. Diese Nachricht hängt sie an viele Computermonitore.

Schreiben Sie eine Notiz an die Besucher der Ausstellung. Die Notiz soll beschreiben, wie Kali aussieht und wo (beim Ausgang Nord) und wann (um vierzehn Uhr) Rieke ihn dort treffen will.

Ich suche Kali _____

_____

_____

_____

_____

Kali kann Rieke auch nicht finden. Er schreibt eine E-Mail Nachricht an alle Besucher der Ausstellung. Er möchte sie bitten, der Rieke zu sagen, dass sie ihn um zwei Uhr nachmittags am Eingang Ost treffen soll. Er schreibt, wie Rieke aussieht und wer sie ist.

Ich suche Rieke _____

_____

_____

_____

_____

_____

Kali sieht die Notiz von Rieke nicht. Aber Rieke sieht die Notiz von Kali. Sie geht um zwei zum Eingang Nord und findet dort den kleinen Kobold. Denken Sie daran, dass die beiden sich noch nie getroffen haben. Als Rieke den Kali sieht, denkt sie sofort, dass er wie sein Vater aussieht. Als Kali die Rieke sieht, sieht er in ihrem Gesicht seine Mutter. Das sagen die beiden sich auch. Was sagt Rieke? Was sagt Kali? Schreiben Sie einen kurzen Dialog! Beide freuen sich, dass sie endlich zusammen sein können.

Rieke: _____

_____

Kali: _____

_____

Rieke: _____

_____

Kali: _____

_____

Rieke: _____

_____

Kali: _____

_____

Rieke: _____

_____

Kali: _____

_____

Rieke: _____

_____

Kali: _____

_____

2 *Probleme mit den Eltern und Geschwistern?* Lesen Sie die drei kurzen Artikel und beantworten Sie die Fragen!

Meine Eltern!

LESERIN: Meine Eltern wollen immer genau wissen, wo ich hingehe und mit wem. Meine Freundinnen und Freunde sind ihnen nicht gut genug. Wenn dann mal jemand zu mir kommt, „bewachen" sie uns genau, was wir reden. Wenn meine Eltern mal wegfahren wollen, heißt es außerdem immer: „Du musst mit!" Sage ich ihnen dann auch mal: „Nein, ich will nicht!" heißt es gleich: „Wir können dich ja auch ins Internat geben." Alles mache ich falsch. Bringe ich gute Noten nach Hause, ist das für meine Eltern selbstverständlich. Anrufen darf ich auch nicht, wen ich will, weil die Leute ja für meine Eltern nicht gut genug sind. Bin ich nicht um 18.00 Uhr zu Hause, gibt es gleich Hausarrest. Was soll ich nur machen??? Außerdem bin ich immer an allem schuld.

1. Welches Problem hat die Leserin mit ihren Eltern?

   _____

2. Was denken ihre Eltern über ihre Freunde und Freundinnen?

   _____

3. Was passiert mit der Leserin, wenn die Eltern wegfahren?

   _____

4. Welche Probleme gibt es mit dem Telefon?

   _____

5. Was passiert, wenn die Leserin um 18 Uhr nicht zu Hause ist?

   _____

Bruder bevorzugt

LESER, 12: Ich, der jüngste Sohn der Familie, habe ein großes Problem. Mein Bruder und ich leben mit meinem Vater allein, da meine Mutter vor einigen Jahren bei einem Unfall ums Leben kam. Seit dieser Zeit habe ich das Gefühl, dass mein Vater meinen älteren Bruder (14) bevorzugt. Alles, was mein Bruder haben will, bekommt er, und bei mir wird erst tausendmal gefragt: wieso, weshalb, warum? Deshalb kommt es ständig zu Streit zwischen uns, und mein Hass auf meinen Bruder nimmt immer mehr zu.
Ich fühle mich total vernachlässigt und ungeliebt. Mein Vater schenkt mir zu wenig Vertrauen und Zuneigung, und deshalb reagiere ich auf die kleinste Kritik aggressiv. Bitte schreibt mir schnell, wie ich meine alte Beziehung zu meiner Familie wieder herstellen kann.

1. Wie alt ist der Leser?

   _____

2. Bei wem leben die Brüder?

   _____

3. Welches Problem hat der Leser mit dem Vater?

   _____

4. Was denkt der Leser über seinen Bruder?

   _____

5. Wie fühlt sich der Leser in der Familie?

   _____

... ihn ansprechen

LESERIN, 11: Ich habe ein Problem. In der 1. bis 4.Klasse war ich mit einem Jungen zusammen, der mir sehr gut gefiel. Jetzt habe ich mich richtig verliebt! Abends liege ich noch oft wach und denke an ihn. Aber wie soll ich es anstellen, dass ich ihn treffe? Bitte helfen Sie mir! Ich kriege kaum noch Schlaf. Ich habe mich wirklich verliebt. (Ich glaube, er mag mich auch.) P.S. Ich denke, dass auch andere Mädchen (oder Jungen) dieses Problem haben.

1. Woher kennt die Leserin den Jungen?

   _____

2. Was denkt sie über diesen Jungen?

   _____

3. Welche Frage hat sie für die Jugendzeitschrift?

   _____

4. Was glaubt sie, was der Junge für sie fühlt?

   _____

5. Warum schreibt sie über ihr privates Problem in der Zeitung?

   _____

3 *Hilfe!* Sie arbeiten bei einer Jugendzeitschrift und haben die Briefe aus der Übung 2 bekommen. Wählen Sie einen und beantworten Sie ihn! Was soll der Leser oder die Leserin tun?

_____

_____

_____

_____

_____

_____

_____

_____

_____

_____

_____

_____

_____

_____

_____

_____

4 *Lernen Sie sich selbst kennen!* Schreiben Sie Fragen für einen Psychologietest! Benutzen Sie die Verben aus der Liste!

sich freuen auf	sich sorgen um	sich interessieren für	lachen über
träumen von	arbeiten an	sich erinnern an	warten auf

Beispiel: Worüber lachen Sie oft?

1. _____

2. _____

3. _____

4. _____

5. _____

6. _____

7. _____

5 *Wer bin ich?* Nachdem Sie die Fragen in Übung 4 gestellt haben, beantworten Sie diese mit Ihren eigenen Ideen! Sie können Ihre Antworten auch mit denen Ihrer Klassenkameraden vergleichen und darüber sprechen.

_____

_____

_____

_____

_____

_____

_____

_____

_____

6 *Zeche Zollverein XII.* Das Ruhrgebiet ist berühmt für seine vielen Zechen. Lesen Sie den Text und dann verbessern Sie den falschen Teil! Schreiben Sie ganze Sätze!

Abends: Zeche Zollverein XII

Die schönste Zeche der Welt, gebaut in den Jahren 1928 bis 1932, ist ein denkmalgeschütztes Ensemble, das sich zu einem Kulturzentrum für den Essener Norden entwickelt hat. Mitten in dieser ästhetischen Architektur finden Theater und Konzerte statt, ebenso wie Tanzvorführungen oder Ausstellungen. In das alte Kesselhaus ist das Design-Zentrum NRW eingezogen, in dem angrenzenden wild gewachsenen Zechenwald stößt man auf einen Skulpturenpark des Künstlers Ulrich Rückriem.

Den Abschluß bildet ein Essen im Casino, einem Restaurant zwischen den Fundamenten alter Turbokompressoren.

Zeche Zollverein XII

1. Die schönste Zeche der Welt wurde 1922 bis 1932 gebaut.

   _____

2. Dieses Ensemble steht unter Naturschutz.

   _____

3. In der Zeche finden Sportfeste statt.

   _____

   _____

4. Das Design-Zentrum Nordrhein-Westfalen ist in den Zechenwald eingezogen.

   _____

   _____

5. Eine Skulptur des Künstlers Ulrich Rückriem steht im Design-Zentrum.

   _____

7 *Bielefeld, historisch gesehen.* Bielefeld ist eine Stadt in Nordrhein-Westfalen, die für ihre industrielle Entwicklung berühmt ist. Lesen Sie den Artikel und beantworten Sie die Fragen! Ein wichtiges Wort im Text ist *Nähmaschine*. Mit einer Nähmaschine kann man Kleidung machen.

Industrialisierung

Das Industriezeitalter ist die Epoche, die das heutige Bielefeld wohl am stärksten geprägt hat.

Beispielhaft für die Entwicklung der Industrie in Bielefeld ist der Werdegang der Dürkopp-Werke. Nikolaus Dürkopp und Carl Schmidt waren beide als Mechaniker bei den „Koch's Adler Nähmaschinen Werken" angestellt. Sie verließen die Firma 1867 und gründeten die Nähmaschinenfabrik „Dürkopp & Schmidt". Als Schmidt nach wenigen Jahren ausschied, fand der Techniker Dürkopp mit Richard Kaselowsky einen finanzstarken Partner. Die neue Fabrik erweiterte bald ihre Produktionspalette. Hergestellt wurden unterschiedliche Formen von Nähmaschinen, wie z. B. Schuhmachermaschinen oder Spezialmaschinen für Gewerbe und Handwerk. Später kamen noch Fahrräder, Autos, Milchzentrifugen und Ölreinigungsmaschinen dazu.

Dreirad der
Firma Dürkopp 1888

1. Welchen Beruf hatten Dürkopp und Schmidt bei „Koch's Adler Nähmaschinen Werken"?

   _____

2. Was für eine Firma gründeten die beiden?

   _____

3. Wer verließ die Firma zuerst, Schmidt oder Dürkopp?

   _____

4. Welche Rolle spielte Richard Kaselowsky in der neuen Firma?

   _____

5. Was wurde in der Firma Dürkopp & Schmidt zuerst hergestellt?

   _____

6. Was hat man später auch noch hergestellt?

   _____

   _____

8 *So viel Neues!* Sie waren schon lange nicht mehr in Nordrhein-Westfalen. Als Sie wieder dorthin kommen, sind Sie erstaunt darüber, was dort alles gemacht wird. Schreiben Sie ganze Sätze im Passiv!

Beispiel: bessere Führungen / organisieren
Bessere Führungen werden organisiert.

1. eine neue Kirche / bauen

   _____

2. die Straßen / breiter machen

   _____

3. Hotels / renovieren

   _____

4. ein neuer Park / planen

   _____

5. ein besserer Sportplatz / aufmachen

   _____

6. die Brücke / reparieren

   _____

7. das Museum / restaurieren

   _____

8. schöne Broschüren / drucken

   _____

9 *Welche Karte soll ich kaufen?* Einige Fahrgäste wollen bei Ihnen eine Fahrkarte für die öffentlichen Verkehrsmittel kaufen. Benutzen Sie die folgenden Informationen, um ihnen zu helfen.

Wenn Sie nur ab und zu mit uns fahren, sind **Einzelfahrschein** und die **24-Stunden-Karte** für Sie richtig. Die **Einzelfahrscheine** sind für alle, die die INVG nur gelegentlich benutzen. Sie gilt für einmalige Fahrten in eine Richtung, umsteigen und Fahrtunterbrechung sind möglich. Mit der **24-Stunden-Karte** sparen Sie oft schon, wenn Sie an zwei aufeinanderfolgenden Tagen den Bus benutzen müssen. Wenn Sie zu mehreren unterwegs sind, empfehlen wir die **24-Stunden-Familienkarte** - die lohnt sich häufig schon zu zweit. Beide Karten gelten genau 24 Stunden ab der aufgestempelten Zeit.

Wenn Sie häufiger fahren wollen, bieten sich Ihnen die **4-Fahrten-Karte** oder die Zeitkarten an. Die **4-Fahrten-Karte** ist ideal für Fahrgäste, die häufiger im Verbund fahren, für die sich aber eine Zeitkarte noch nicht lohnt. Sie gilt, wie der Einzelfahrschein, für Fahrten in eine Richtung mit Umsteigen und Unterbrechung.

Mit der **4-Fahrten-Karte** müssen Sie bei Fahrtantritt jeweils einen Streifen je Fahrt, je Person am Entwerter entwerten. Stecken Sie hierzu bitte die **4-Fahrten-Karte** in der aufgedruckten Pfeilrichtung in den Entwerter. Nach dem Entwerten der beiden Felder auf der Vorderseite der **4-Fahrten-Karte** sind die freien Felder auf der Rückseite für die Entwertung vorgesehen. Mit dem Entwerten ertönt ein Klingelzeichen, das Ihnen zeigt, daß die **4-Fahrten-Karte** ordnungsgemäß bewertet wurde.

Wenn Sie zu den „Stamm-Fahrern" zählen, gibt es ein übersichtliches, attraktives Angebot an **Zeitkarten**; so haben Sie beispielsweise mit der preisgünstigen **Jahreskarte** im gesamten Verkehrsgebiet der INVG freie Fahrt für ein Jahr. **12 kaufen, 9 zahlen**, lautet das Motto der **Jahreskarte**, nur DM 560.- anstatt DM 720.- müssen Sie bezahlen, wenn sie gleich für ein ganzes Jahr Ihre INVG-Karten kaufen. Sie müssen zwar sofort zahlen, dafür sparen Sie aber DM 160.-!

Die **Jahreskarte** ist natürlich **übertragbar**, also nicht auf eine einzige Person beschränkt. Die **Jahreskarte** gilt immer für die jeweils folgenden 12 Monate ab dem Kaufdatum.

Die **Halbjahreskarte** besteht aus **sechs übertragbaren** Monatsnetzkarten, sie gelten an allen Tagen des aufgestempelten Monats und berechtigen zu beliebig vielen Fahrten mit beliebig vielen Unterbrechungen auf allen Linien im Verbundgebiet. Die Halbjahreskarte ist **übertragbar**, d.h., sie kann an jede beliebige Person zur Nutzung weitergegeben werden. Die Halbjahreskarte kann jeweils nur von einer Person gleichzeitig genutzt werden, eine Einschränkung auf eine bestimmte Person erfolgt nicht.

Das **Job-Ticket** ist eine personenbezogene Jahreskarte (Paßbild und persönliche Ausstellung). Voraussetzung für die Ausstellung eines Job-Tickets ist die Abnahmemenge, die ein Arbeitgeber für seine Mitarbeiter erwirbt. Der Erwerb durch Einzelpersonen ist nicht möglich. Ein bestehendes Arbeits- oder Dienstverhältnis muß nachgewiesen werden. Bei Beendigung des Arbeits- oder Dienstverhältnisses erlischt die Gültigkeit des Job-Tickets.

Die Mindestabnahmemengen liegt bei 100 Karten des gleichen Arbeitgebers je Jahr.

Der Gesamtpreis für die Job-Tickets ist sofort beim Kauf zu bezahlen.

Das Job-Ticket wird in eine Kunststoff-Folie eingeschweißt. Das Job-Ticket ist nur mit der entsprechenden Verschweißung gültig.

Die **Jahreskarte, die Halbjahreskarte und das Jobtiket sind** nur in der Geschäftsstelle der INVG in der Dollstraße 7, 85049 Ingolstadt, erhältlich.

Die **übertragbare Monatskarte für Erwachsene** ist für Sie das richtige Angebot, wenn Sie regelmäßig mit den Bussen der INVG fahren, aber nicht für ein ganzes Jahr im voraus bezahlen wollen. Die **übertragbare Monatskarte für Erwachsene** ist, wie der Name schon sagt, eine auf jede beliebige Person **übertragbare** Fahrkarte, sie ist in allen Bussen des INVG-Verbundes erhältlich.

Die **Monatskarte für Erwachsene** wird in den Fahrzeugen der INVG jeweils ab dem 20. des Vormonats verkauft. Sie brauchen also nicht bis zum Ersten zu warten, kaufen Sie Ihre Monatskarte bereits frühzeitig, Sie sparen sich viel Zeit.

Für **Schüler, Studenten, Auszubildende, Wehrpflichtige, Zivildienstleistende,** sowie **Senioren** bieten wir besondere Ermäßigungen an.

Die **Wochenkarte für Erwachsene** bietet Fahrgästen, die nur zu bestimmten Perioden die INVG benutzen wollen eine preisgünstige Möglichkeit.

Die **Wochenkarte für Erwachsene** wird in den Bussen der INVG jeweils ab dem Donnerstag der Vorwoche verkauft.

Auch bei den **Wochenkarten** werden besondere Ermäßigungen für **Schüler, Studenten, Auszubildende** und **Zivildienstleistende** angeboten.

Wer zu Hause sitzt, versäumt oft eine außergewöhnliche Ausstellung, das neueste Sonderangebot im Kaufhaus, ein spannendes Sportereignis, eine gemütliche Wanderung, die Begegnung mit interessanten, liebenswerten Menschen ...

Mit der INVG läßt sich das meiste oft auch ganz einfach erreichen. Großartig, wenn das Ganze dann auch noch wenig kostet!

Die **24-Stunden-Familienkarte** macht es möglich!

Für den Wochenendeinkauf und alle anderen Wege steht die **24-Stunden-Familienkarte** zur Verfügung. Zwei Erwachsene und sämtliche zum Haushalt gehörenden Personen bis zum vollendeten 17. Lebensjahr können für DM 9,- 24 Stunden ab dem Zeitaufdruck das gesamte Liniennetz der INVG befahren.

Zum Einkauf Freitag Nachmittag starten, viele haben ja Freitag Mittag Dienstende, und bis Samstag Mittag mit der INVG und der gesamten Familie zum Einkaufen. Die **24-Stunden-Familienkarte** ist, wie alle anderen Karten auch, mit Datum und Uhrzeit versehen, Ihre persönlichen 24 Stunden können Sie jederzeit ablesen.

Kinder bis zum vollendeten 6. Lebensjahr fahren bei der INVG natürlich kostenlos mit unseren Bussen, auch **Kinderwagen aller Art** sind bei der Busbenutzung frei.

Beispiel: *Fahrgast:* Ich möchte nur ab und zu fahren.

        Sie: Kaufen Sie doch einen Einzelfahrschein oder eine 24-Stunden-Karte!

1. *Fahrgast:* Ich brauche eine Karte für den 20. bis zum 27. Oktober.

   Sie: _____

2. *Fahrgast:* Ich bekomme eine Fahrkarte von meiner Firma.

   Sie: _____

3. *Fahrgast:* Ich fahre nicht oft, aber ich möchte mit meinen Kindern mit dem Bus fahren.

   Sie: _____

4. *Fahrgast:* Ich möchte nur im Herbst und im Winter mit dem Bus fahren.

   Sie: _____

5. *Fahrgast:* Wir wollen am Wochenende einkaufen fahren.

   Sie: _____

6. *Fahrgast:* Ich möchte eine Karte für zwölf Monate kaufen.

   Sie: _____

7. *Fahrgast:* Ich brauche eine Fahrkarte nur für den Monat März.

   Sie: _____

10 *Sophie kauft eine Fahrkarte!* Ergänzen Sie den Dialog!

Sophie: Guten Tag!
Verkäufer: Guten Tag!

Sophie: _____

Verkäufer: Was für eine Karte? Es gibt viele verschiedene.

Sophie: _____

Verkäufer: Wie oft wollen Sie fahren?

Sophie: _____

Verkäufer: Dann kaufen Sie am besten eine Mehrfahrtkarte.

Sophie: _____

Verkäufer: Ja, viel preiswerter! Sie sparen dabei viel Geld. Wie viele Fahrten wollen Sie?

Sophie: _____

Verkäufer: Es gibt nur zehn Fahrten und fünfzehn Fahrten.

Sophie: _____

Verkäufer: O.k. Bitte schön. Hier sind die zehn Fahrten.

Sophie: _____

Verkäufer: Ja, mit dem Bus, mit der Straßenbahn und mit der U-Bahn. Es macht nichts. Sie können so oft umsteigen, wie Sie wollen.

Sophie: _____

Verkäufer: Das macht 20 DM.

Sophie: _____

11 *Was vor der Reise alles gemacht werden muss!* Schreiben Sie ganze Sätze!

Beispiel: die Fenster / zumachen
Die Fenster müssen zugemacht werden.

1. der Hund / bringen / zum Nachbarn

    _____

2. die Blumen / gießen

    _____

3. die Lichter / ausmachen

    _____

4. die Flugkarten / abholen

    _____

5. die Koffer / packen

    _____

6. der Kühlschrank / leer machen

    _____

7. Tante Elisabeth / anrufen

    _____

8. Medikamente / kaufen

    _____

12 *Buchhandlungen.* Lesen Sie den Text über die Geschichte eines Buchgeschäftes und beantworten Sie die Fragen!

Gutenberg – der Name fällt einem ein, wenn man an Bücher, an die Anfänge des Buchwesens denkt. Grundlage seiner Erfindung: der Druck von beweglichen Lettern, die Druckpresse, die Mischung der Druckerschwärze, die Legierung der Drucktypen. Mitte des 15. Jahrhunderts, sollte die Buchdruckerkunst ihren Siegeszug antreten.

Wie ein Stein, der ins Wasser geworfen wird, zog die Erfindung des Buchdrucks weite Kreise: Die Auflagenzahlen stiegen, ein besonderes Vertriebssystem wurde benötigt, „Reisediener" wurden – bepackt mit neuen Druckerzeugnissen – in die Städte geschickt, feste Niederlassungen wurden gegründet, Handelsnetze aufgebaut. Die Berufsbezeichnung „Buchhändler" wird allerdings erst 200 Jahre später – Mitte des 17. Jahrhunderts – geläufig. Angehöriger einer Zunft – wie beispielsweise der Buchdrucker – war der Buchhändler allerdings nie.

Mit der Aufklärung und der Klassik in Deutschland nimmt auch die Buchproduktion zu. Literatur, Bildungs- und Lesebedürfnis bedingen sich gegenseitig. Eine neue Form des Buchhandels entwickelt sich. Deutschland ist kein buchhändlerisches Niemandsland mehr. 1834 gibt es bereits 859 Buchhandlungen in Deutschland, 1869 sind es bereits 3500.

Ungefähr 10 000 Titel finden sich in den Sortimenten der deutschen Buchhandlung, als der Landshuter Joh. Ev. Wittmann im Jahr 1872 in Ingolstadt neben der „Neuen Ingolstädter Zeitung" auch eine Buchhandlung gründet und in der Eröffnungsanzeige „reelle und billige Bedienung" verspricht.

1. Woran denkt man, wenn man den Namen „Gutenberg" hört?

   _____

2. Was hat Gutenberg erfunden?

   _____

3. Seit wann gab es den Beruf „Buchhändler" in Deutschland?

   _____

4. Wie viele Buchhandlungen gab es 1869 in Deutschland?

   _____

5. Wo gründete Joh. Ev. Wittmann seine Buchhandlung?

   _____

6. Wie viele Bücher hatte Joh. Ev. Wittmann, als er seine Buchhandlung aufmachte?

   _____

13 Wie viel Geld geben Sie für Bücher aus?

A. Unten sehen Sie eine Tabelle mit den verschiedenen Medien. Notieren Sie, wie viel Geld Sie in diesen Bereichen pro Monat und pro Jahr ausgeben!

	Lesen: Bücher, Zeitschriften usw.	Computer: Computerspiele usw.	Schallplattenspieler: Schallplatten	CD-Spieler: CDs	Kassettenrekorder: Kassetten
Pro Monat					
Pro Jahr					

B. Welches Medium ist Ihnen am wichtigsten und warum?

_____

_____

_____

_____

_____

14 *Wie viel Geld geben Sie für Bücher aus?* Beantworten Sie die Fragen zu den kurzen Interviews, in denen drei Leute erklären, wie viel Geld sie für Bücher ausgeben und warum!

Petra Großhauser, 19, Kinderpflegerin, Eitensheim: Ich kaufe ziemlich viele Kinderbücher. Teils nehme ich sie für die Arbeit her, zum Teil hebe ich sie einfach auf. Außerdem verschenke ich gerne Jugendbücher. Ich selber lese meistens Romane. Im Jahr geb' ich ungefähr 400 Mark für Literatur aus. Ist mir ein Buch zu teuer, lasse ich's mir auch gerne mal schenken.

Petra Großhauser:

1. Mit wem arbeitet diese Frau?

   _____

2. Was für Bücher kauft sie am meisten?

   _____

3. Was macht sie mit diesen Büchern?

   _____

4. Was liest sie selbst am meisten?

   _____

5. Wie viel Geld gibt sie im Jahr für Bücher aus?

   _____

6. Was tut sie, wenn sie denkt, dass ein Buch zu viel Geld kostet?

   _____

Hans Endres, 45, Betriebswirt, Baar-Ebenhausen: Für meine Familie und Freunde besorge ich wieder mehr Lesestoff als früher. Ich möchte, daß meine Kinder bewußter mit ihrer Freizeit umgehen, deshalb kaufe ich ihnen viele Kinderbücher und auch Abenteuerromane. Übers Jahr kommt da einiges zusammen, wahrscheinlich aber noch unter 1000 Mark.

Hans Endres:

1. Für wen kauft Hans Endres Bücher?

   _____

2. Was für Bücher kauft er für seine Kinder?

_____

3. Was möchte er, dass seine Kinder in ihrer Freizeit machen?

_____

4. In welchem Zeitraum gibt er unter 1000 Mark für Bücher aus?

_____

Sabine Schlusnus, 35, Krankenschwester, Ingolstadt: In Literatur investiere ich viel Geld, weil ich wahnsinnig viel lese. Im Schnitt gebe ich 50 Mark jeden Monat dafür aus. Teilweise finde ich die Bücher zu teuer, vor allem Autobiographien. Für schön gebundene Bücher zahlt man aber halt seinen Preis. Kostet ein Buch 70 Mark und mehr, warte ich, bis es billiger angeboten wird, oder aber ich hole es mir aus der Bücherei.

Sabine Schlusnus:

1. Warum gibt Sabine viel Geld für Bücher aus?

_____

2. In welchem Zeitraum gibt sie 50 Mark für Bücher aus?

_____

3. Welche Bücher findet sie oft zu teuer?

_____

4. Wann findet sie ein Buch zu teuer?

_____

15 *Was passt am besten?* Setzen Sie die richtigen Wörter ein!

aufnehmen	**leiser machen**	**lauter machen**
kratzen	**ausmachen**	**anmachen**

1. Könntest du bitte den Fernseher _____? Ich möchte den Film mit Dustin Hoffman sehen.

2. Müsst ihr wirklich euere Musik so laut hören? Könnt ihr sie nicht etwas _____?

3. Diese alten Schallplatten _____ wirklich sehr. Man kann die Musik fast gar nicht mehr hören.

4. Wenn du möchtest, kann ich dir meine neue CD auf eine Kassette _____ . Dann brauchst du sie nicht zu kaufen.

5. _____ das Licht _____, wenn du weggehst.

6. Ich kann das nicht hören. Könntest du das Radio _____?

16 *Wer kauft was?* Die ganze Schuller Familie geht heute Musik kaufen. Lesen Sie die Beschreibungen der Personen und entscheiden Sie, wer was kauft.

SPICE GIRLS *(Pop)* **'SPICEWORLD'**

Der zweite Streich der 'Girlpower Gang', die bisher weltweit 120 Platin-Awards für über 20 Millionen verkaufte Alben einheimste ist da! Die SPICE GIRLS knallten bereits wieder in die höchsten Regionen der Singlecharts mit 'Spice Up Your Life', der ersten Single aus dem 'Spiceworld'-Werk. Im Januar erwartet die Welt den Spice-Girls Film, im März werden die CH-Bühnen gestürmt: 02.03. Zürich-Hallenstadion, 20.03. Lausanne-Pat. Malley. Zusätzliche Aktivitäten der involvierten Firmen Pepsi Cola, Polaroid und Impulse werden Niemanden an den Spice Girls vorbeilassen!!!

CLIFF RICHARD *(Rock'n'Roll)* **'The ROCK'N'ROLL Years 1958-1963'**

Die 4 CDs in grossformatiger Box enthalten zahllose Rock'n'Roll Standards, Mono/Stereo Mixe, Alternate Takes, Raritäten, Obskuritäten, Liveaufnahmen sowie bisher unveröffentlichtes Material. Ausserdem ist ein 48-seitiges Fanbook beigelegt mit Fotos, Discographie etc.

Kapitel 7

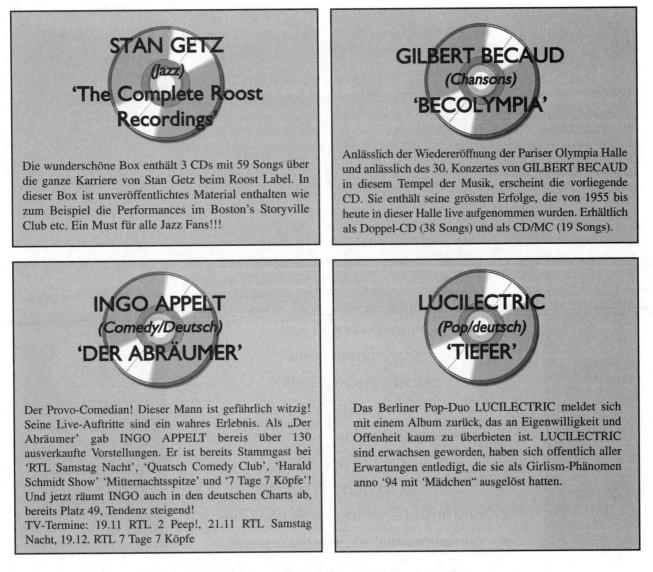

STAN GETZ
(Jazz)
'The Complete Roost Recordings'

Die wunderschöne Box enthält 3 CDs mit 59 Songs über die ganze Karriere von Stan Getz beim Roost Label. In dieser Box ist unveröffentlichtes Material enthalten wie zum Beispiel die Performances im Boston's Storyville Club etc. Ein Must für alle Jazz Fans!!!

GILBERT BECAUD
(Chansons)
'BECOLYMPIA'

Anlässlich der Wiedereröffnung der Pariser Olympia Halle und anlässlich des 30. Konzertes von GILBERT BECAUD in diesem Tempel der Musik, erscheint die vorliegende CD. Sie enthält seine grössten Erfolge, die von 1955 bis heute in dieser Halle live aufgenommen wurden. Erhältlich als Doppel-CD (38 Songs) und als CD/MC (19 Songs).

INGO APPELT
(Comedy/Deutsch)
'DER ABRÄUMER'

Der Provo-Comedian! Dieser Mann ist gefährlich witzig! Seine Live-Auftritte sind ein wahres Erlebnis. Als „Der Abräumer' gab INGO APPELT bereis über 130 ausverkaufte Vorstellungen. Er ist bereits Stammgast bei 'RTL Samstag Nacht', 'Quatsch Comedy Club', 'Harald Schmidt Show' 'Mitternachtsspitze' und '7 Tage 7 Köpfe'! Und jetzt räumt INGO auch in den deutschen Charts ab, bereits Platz 49, Tendenz steigend!
TV-Termine: 19.11 RTL 2 Peep!, 21.11 RTL Samstag Nacht, 19.12. RTL 7 Tage 7 Köpfe

LUCILECTRIC
(Pop/deutsch)
'TIEFER'

Das Berliner Pop-Duo LUCILECTRIC meldet sich mit einem Album zurück, das an Eigenwilligkeit und Offenheit kaum zu überbieten ist. LUCILECTRIC sind erwachsen geworden, haben sich offentlich aller Erwartungen entledigt, die sie als Girlism-Phänomen anno '94 mit 'Mädchen" ausgelöst hatten.

1. Frau Schuller möchte gerne französische Musik kaufen.

   _____

2. Herr Schuller möchte etwas zum Lachen.

   _____

3. Hanna Schuller sucht eine CD von einer Mädchen-Gruppe, die auch einen Film gemacht hat.

   _____

4. Oma Schuller möchte Musik aus den späten 50er oder frühen 60er Jahren.

   _____

5. Peter interessiert sich für Popmusik aus Deutschland.

   _____

6. Großvater Schuller ist ein Jazzfan.

   _____

17 *Was machen sie?* Schreiben Sie, warum die Leute verschiedene Sachen tun oder nicht tun! Benutzen Sie dazu Infinitivkonstruktionen!

Beispiel: Gisela sollte ihre Freundin anrufen, aber sie hatte keine Zeit.
Gisela hatte keine Zeit, ihre Freundin anzurufen.

1. Hannes wollte einen CD-Spieler kaufen, aber er hatte zu wenig Geld.

_____

_____

2. Marta sollte heute Nachmittag einkaufen, aber sie hatte keine Lust.

_____

_____

3. Tobias und Alex mussten einen Kompromiss finden, aber sie interessierten sich nicht dafür.

_____

_____

4. Frau Gerhard sollte ihre Verwandten besuchen, aber sie fand es nicht gut.

_____

_____

5. Oliver mochte ein großer Angeber sein, aber er fand es langweilig.

_____

_____

6. Herr Schmidt wollte aus einem Flugzeug springen, aber er hatte Angst davor.

_____

_____

7. Elly musste ins Bett gehen, aber sie vermied es.

_____

_____

8. Roland wollte besser sein, aber er hat es seiner Freundin nicht versprochen.

_____

_____

18 *Petras Party.* **Petra war gestern Abend spät weg. Schreiben Sie warum!**

Beispiel: Warum rief Petra ihre Freundin an? (die Telefonnummer von Gisela bekommen)
Um die Telefonnummer von Gisela zu bekommen.

1. Warum kam Petra so spät nach Hause? (ihre Eltern ärgern)

   _____

2. Warum blieb sie so lange weg? (Freunde besuchen)

   _____

3. Warum musste sie mit ihrer Freundin telefonieren? (über ein Geschenk sprechen)

   _____

4. Warum ging sie zu ihren Freunden? (eine Geburtstagsparty feiern)

   _____

5. Warum wollte sie länger bleiben? (mit ihrem Freund sprechen)

   _____

6. Warum musste sie ihre Eltern anrufen? (nach Hause kommen)

   _____

7. Warum ging sie endlich nach Haus? (ins Bett gehen)

   _____

8. Warum rief sie am nächsten Tag ihre Freundin an? (von der Party erzählen)

   _____

19 *Erzählen Sie!* Beantworten Sie die Fragen mit *zu* oder *um...zu!*

1. Warum putzen Sie sich die Zähne?

   _____

   _____

2. Was finden Sie langweilig?

   _____

   _____

3. Wozu haben Sie keine Lust?

   _____

   _____

4. Was wäre schön?

   _____

   _____

5. Warum arbeiten Sie?

   _____

   _____

6. Warum lernen Sie Deutsch?

   _____

   _____

7. Was sollten Sie Ihren Eltern versprechen?

   _____

   _____

8. Wovor haben Sie Angst?

   _____

   _____

20 *Verschieberätsel.* Sie müssen die folgenden Wörter so nach links und rechts verschieben *(to move)*, bis Sie ein Wort aus diesem Kapitel finden. Dieses Geschäft existiert wegen Leuten wie Gutenberg und Joh. Ev. Wittmann.

Beispiel: ein Monat
     Antwort: MAI

P O **M** M E S
← ⌐
S C H **A** R F
⌐ →
F R **I** K A D E L L E

P O **M** M E S
S C H **A** R F
F R **I** K A D E L L E

BUCHSTABE

TASTATUR

DRUCK

GESCHÄFTSMANN

MÖNCH

PAPIER

GUTENBERG

GOLDSCHMIED

LESEN

EUROPA

TECHNIK

GELD

_____

21 *Rösselsprung.* Wenn Sie Schach spielen, dann wissen Sie, wie der Springer *(knight)* springt. Hier haben Sie einen Springer, der das Rätsel löst. Fangen Sie da an, wo das Sternchen (*) ist und Sie entdecken, wie Gutenberg seine Buchpresse erfand.

Hier ist die Regel für Nichtschachspieler: Ein Springer bewegt sich wie ein „L" (2 Felder in eine Richtung und ein Feld in eine andere Richtung). Wenn es noch nicht klar sein sollte, fragen Sie einen Schachspieler in Ihrer Klasse.

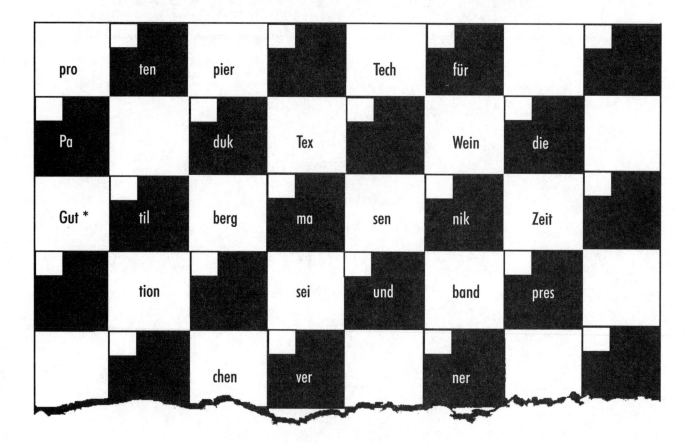

pro	ten	pier		Tech	für		
Pa		duk	Tex		Wein	die	
Gut *	til	berg	ma	sen	nik	Zeit	
	tion		sei	und	band	pres	
	chen	ver		ner			

_____

_____

_____

Kapitel 8

1 *Weleda in Gefahr.* **Lesen Sie den folgenden Text! Manche Wörter kennen Sie vielleicht nicht. Trotzdem sollten Sie den Inhalt verstehen.**

Weleda hatte schon in vielen Büchern über die Zeit der Inquisition gelesen, als die Hebammen und Kräuterfrauen von der Gewalt des Staates und der Kirche in große Not gebracht wurden. Die Ratsherren und Kirchenväter glaubten, dass diese Frauen mit dem Teufel im Bund waren und auch mit ihm zusammenarbeiteten. Das jedenfalls erzählten sie den Leuten in den deutschen Städten und Dörfern. Weleda wollte sich das gern einmal ansehen, denn sie konnte es gar nicht glauben, dass Menschen so dumm sein konnten, diese Geschichten zu glauben. Weleda wusste, dass die meisten Leute vor 500 Jahren nicht lesen und nicht schreiben konnten. Sie wusste auch, dass die meisten nur arme Bauern und kleine Handwerker waren, die keinen Pfennig für einen Arzt oder teure Medizin aus der Apotheke ausgeben konnten. Deshalb fand sie es ganz normal, dass Kräuterfrauen die Kräuter auf den Feldern und an den Wegen sammelten, daraus verschiedene Medizinen und Tees machten und auf den Märkten verkauften. Aber für diese Frauen war es nicht so normal, denn sie konnten zu jeder Zeit als Hexe angeklagt und verurteilt werden. Dann wurden sie geschlagen und starben oft auf dem Scheiterhaufen einen elenden Tod. So war es recht gefährlich, wenn man als Kräuterfrau nicht gut Freund mit dem Apotheker, dem Arzt, den Ratsherren, den Kirchenvätern und allen Menschen in der Stadt war. Immer, wenn eine schlimme Krankheit auftauchte, waren die Kräuterfrauen daran Schuld, denn man sagte ihnen nach, mit dem Teufel im Bunde zu sein. Dann gab es einen Prozess und das Urteil war fast immer der Tod auf dem Scheiterhaufen, wo sie von Feuer und Qualm getötet wurden. Manche starben durch das Schwert des Henkers oder kamen in den dunklen Gefängnissen dieser Zeit um.

Das alles wusste Weleda, aber sie wollte es sehen und erleben. So stellte sie ihre Zeitmaschine auf das Jahr 1500 ein und fuhr zurück in der Zeit zu dem Ort Paderborn in Westfalen. Sie versteckte die Zeitmaschine in einer alten Scheune und ging in die Stadt. Aber da war alles ganz ruhig und sie konnte nichts Besonderes feststellen. So ging sie zurück zu ihrer Zeitmaschine und fuhr fünfundneunzig Jahre weiter in die Zukunft. Sie wählte einen anderen Ort in Westfalen, der Rinteln hieß. Wieder versteckte sie ihre Zeitmaschine an einem sicheren Ort am Rande eines Waldes. Unter einer großen Eiche stand ein dicker Rhododendronbusch, in dem sie die Maschine gut versteckte. Dann ging sie aus dem Wald und sah schon die kleine Stadt mitten in den Feldern liegen. Sie lief langsam dorthin. Sie hatte alte Lumpen und Kleider an, so dass jeder denken musste, dass sie eine sehr arme Frau war, die nach Rinteln auf den Markt wollte. Sie kam am Tor der Stadt an. Die Wache fragte sie, was sie wolle.

Weleda: Ich will auf den Markt und meine Kräuter verkaufen.

Weleda zeigte dem Mann am Tor ihren Korb und die Kräuter, die sie aus der Midgard mitgebracht hatte, denn sie wollte ja wie eine Kräuterfrau aussehen.

Wächter: Nun warte mal, du Kräuterfrau! Weißt du denn nicht, dass in Rinteln nur die Helfer vom Apotheker die Kräuter sammeln und anbieten dürfen? Du bist gar wohl auch noch eine Hebamme und Hexe, was?

Jetzt wurde Weleda langsam klar, dass sie wirklich in Gefahr schwebte. Wenn dieser Wächter sie hier festhielt, dann konnte sie nicht wieder zum Rhododendronbusch, wo die Zeitmaschine auf sie wartete, um ins eigene Jahrhundert zu reisen. Sie sagte dem Wächter, dass sie wieder zurück in ihr Dorf gehen wollte und nicht mehr in die Stadt wollte. Aber der Wächter glaubte ihr nicht.

Wächter: Nichts da, du Hexe! Dich werfen wir in den Kerker und warten, bis der Prälat und der Inquisitor kommen. Dir werden wir schon helfen!

Er nahm den Korb von Weledas Arm, stieß sie in den Wachraum und sagte ihr, sie solle sich hinsetzen. Dann schickte er einen jungen Mann in die Stadt, um den Kirchenherrn zu holen. In der Zwischenzeit waren viele andere Leute ans Tor gekommen und mussten alle lange warten, weil der Wächter sich mit Weleda beschäftigte. Jetzt stand er wieder im Tor und fragte jeden, warum er in die Stadt wollte. Diese Gelegenheit benutzte Weleda. Sie sah eine Treppe nach oben und lief in den dritten Stock. Dort stand ein Fenster offen, aus dem sie auf die Stadtmauer kletterte. Dort oben konnte sie aber jeder sehen. Und gleich riefen alle Leute: „Wer läuft denn da auf der Stadtmauer?" Das hörten auch die Wachen. Sie liefen hinter Weleda her. Weleda kam an einen Stall und sprang die fünf Meter von der Stadtmauer ins Heu. Sie hatte Glück und es tat ihr nicht weh. Die Wächter konnten sie nicht mehr finden und sie hörte einen sagen: „Ach, nur so eine arme Kräuterfrau. Lass sie doch laufen! Die kommt ja doch nicht aus der Stadt."

Das war eine schwierige Lage, in der sich Weleda nun befand! Jetzt war sie in Rinteln, konnte aber nicht wieder aus der Stadt heraus. Sie versteckte sich im Heu des Stalls und bald wurde es Abend. Da gab es viel Lärm auf der Straße und Weleda musste zu ihrem Entsetzen feststellen, dass sechs Wächter ihre Zeitmaschine in die Stadt geholt hatten. Sie stellten die Maschine beim Schmied ab und wollten die Ratsherren und ein paar Ritter holen, um zu fragen, was dieses Ding wohl sein könnte. Weleda konnte gar nicht verstehen, wie sie die Maschine hatten finden können, aber es konnte keinen Zweifel geben. Dort, etwa zehn Meter entfernt vor dem Haus des Schmiedes, stand ihre Zeitmaschine! Sie beschloss, sofort zu handeln. Sie sprang aus dem Heu heraus, rannte zur Zeitmaschine, schaltete sie ein, und bevor der erste Wächter sie am Arm greifen konnte, fuhr sie sofort aus Rinteln und aus dem Jahre 1595 weg. So hatte sie noch einmal Glück gehabt, denn wie hätte sie in den Wald gelangen sollen? „Da habe ich noch mal Glück gehabt," hat sie am Ende oft gesagt, wenn sie diese Geschichte erzählte.

Sie sprechen mit Kali über Weleda. **Sie kennen die Geschichte von Weledas Besuch in Paderborn und Rinteln. Kali kennt sie nicht. Erzählen sie ihm, was er über diese Geschichte wissen soll!**

1. Wo war Weleda?

   _____

2. Wie kam sie dorthin?

   _____

3. Warum war sie dort?

   _____

4. Warum konnte sie nicht in die Stadt?

   _____

5. Warum konnten die Wächter *(guards)* Weleda nicht gefangen nehmen?

   _____

6. Wie kam die Zeitmaschine in die Stadt?

   _____

7. Wie konnte sich Weleda retten?

   _____

2 *Was kann man gegen Stress machen?* Lesen Sie den Artikel und beantworten Sie die Fragen!

Anti-Streß-Seminare für Grundschüler

Köln (dpa) Schon Grundschüler wissen, was Streß ist. Aber auch sie können lernen, ihn zu bewältigen. Das ist das Ergebnis eines Modellprojekts der Universität Münster und der Techniker Krankenkasse (TK) Nordrhein-Westfalen. „Hausaufgaben, Klassenarbeiten und viele Termine in der Freizeit lösen bei Kindern Streß aus", berichtete Professor Arnold Lohaus vom Psychologischen Institut der Uni Münster. Befragungen hätten ergeben, daß 72 Prozent der Sieben- bis Elfjährigen Streß erlebten, jedoch nicht wüßten, was sie dagegen tun könnten. Das Modellprojekt bot den Schülerinnen und Schülern ein Anti-Streß-Programm an. Die Kinder übten in Rollenspielen, über Streß zu reden, sich Ruheräume zu schaffen und ihre Freizeitpläne zu überprüfen. Die Psychologen vermittelten außerdem Entspannungstechniken. In Ingolstadt finden von der TK Entspannungskurse und Yoga für Kinder statt.

1. Wo wurde dieses Modelprojekt gemacht?

   _____

2. Was sind die Hauptprobleme der Grundschüler, die Stress haben?

   _____

3. Wie alt waren die Kinder, die sagten, dass sie Stress haben?

   _____

4. Wie viel Prozent der Kinder in diesem Alter haben Stress?

   _____

5. Was wurde im Programm geübt, wie die Kinder Stress vermeiden können?

   _____

   _____

6. Was für Programme gibt es für Kinder in Ingolstadt?

   _____

3 *Ohne Nachhilfe geht fast nichts mehr.* Viele Schüler brauchen Nachhilfe. Was meinen die Experten? Verbessern Sie die Sätze, um sie richtig zu stellen!

Ohne Nachhilfe geht fast nichts mehr
Deutsches Schulsystem in Frage gestellt / Kosten im Monat rund 127 Mark

Bonn (fib) Eine Fünf in Mathe, auch in Englisch nur ausreichend, und in Geschichte hapert's ebenfalls. Wenn der Nachwuchs ein solches Zeugnis nach Hause bringt, schrillen bei vielen Eltern die Alarmglocken. Ein Nachhilfelehrer bzw. eine Lehrerin wird gesucht: Schließlich soll vermieden werden, daß der Nachwuchs die Klasse noch einmal wiederholen muß. Millionenbeträge – so wurde jetzt durch eine Studie der Sozialpsychologin Professor Andrea Abele-Brehm und des Pädagogik-Professors Eckart Liebau von der Universität Erlangen-Nürnberg herausgefunden, geben Eltern für Nachhilfeunterricht aus. Ein Drittel der Schülerinnen und Schüler hat Erfahrungen mit Nachhilfelehrern, mußte Wissenslücken auf diese Weise schließen.

An der Untersuchung beteiligten sich 27 Gymnasien in Nürnberg, Fürth und Umgebung. Befragt wurden Eltern, deren Söhne und Töchter die fünfte, siebte und neunte Jahrgangs-

stufe besuchen. Alle gymnasialen Zweige waren beteiligt. Dabei kam heraus, daß zwischen dem Haushaltseinkommen und dem Nachhilfeunterricht kein Zusammenhang besteht. Auch Ehepaare mit niedrigem Einkommen geben oft viel Geld dafür aus, daß der Nachwuchs in der Klasse den Anschluß behält. Durchschnittlich entstehen monatliche Kosten von 127 Mark. Bei derzeit etwa 295 000 Gymnasiasten allein an bayerischen Schulen ergäbe das eine Summe von sechs Millionen Mark, die Eltern Monat für Monat für den Nachhilfeunterricht ihrer Kinder aufwenden – so die Wissenschaftler.

Natürlich ist Bayern kein Sonderfall. Bei einer Schülerbefragung zum Thema „Nachhilfe" kam man zum Beispiel 1994 in Nordrhein-Westfalen zu ähnlichen Ergebnissen.

Eine Zusatzbildung also, die das Familienbudget ganz schön strapazieren kann. In anderen europäischen Ländern kann man darüber nur staunen. Denn

das System des Nachhilfeunterrichts, das in Deutschland eine lange Historie hat, ist ein Ausfluß der Halbtagsschule. In fast allen anderen europäischen Ländern sowie in den USA dauert der Schulunterricht bis nachmittags. Hausaufgaben werden dann meistens gar nicht mehr oder nur in den oberen Jahrgangsstufen aufgegeben. In den Nachmittagsstunden bleibt in den Schulen Zeit genug, Wissenslücken aufzufüllen, mit Lehrern zu sprechen, individuelle Hilfen zu bekommen.

Meistens sind es nur einige Fächer, in denen Schülerinnen und Schüler Probleme haben. „Mein schwaches Fach", heißt es dann. Am häufigsten wird Nachhilfeunterricht in Mathematik, in Latein und in Englisch erteilt. Mädchen erhalten etwas mehr Nachhilfe in Mathe, Jungen in Sprachen. Doch insgesamt seien die Geschlechtsunterschiede gering – so die Erlanger Professoren.

Der Umgang mit dieser „Zusatzbildung" hat sich innerhalb

1. Die Hälfte der Schüler hat Erfahrung mit Nachhilfe.

_____

2. Im Monat kostet Nachhilfe im Durchschnitt 295 DM.

_____

3. Bayern ist das einzige Bundesland, wo dieses Problem so schlimm ist.

_____

4. Nur in den USA gehen Schüler nachmittags in die Schule.

_____

_____

5. Die meisten Schüler brauchen Hilfe in Deutsch.

_____

6. Mädchen und Jungen haben Probleme in den gleichen Fächern.

_____

7. Was soll vermieden werden: dass die Eltern Nachhilfe bezahlen müssen, oder dass das Kind die Klasse nicht wiederholen muss?

_____

_____

4 *Ausreden!* Welche Ausreden erzählen Sie Ihren Eltern und Lehrern in den folgenden Situationen? Erfinden Sie Ausreden!

1. Die Müllmänner sind gekommen und der Gelbe Sack steht noch vor der Tür.

   _____

   _____

2. Die Prüfung in Mathematik war nicht schwer, aber Sie haben eine sehr schlechte Note bekommen.

   _____

   _____

3. Ihre Schwester ist Ihnen böse, weil Sie ihre Schokolade gegessen haben.

   _____

   _____

4. Ihr Vater hat einen wichtigen Termin verpasst, weil Sie ihm nicht erzählt haben, dass sein Direktor angerufen hat.

   _____

   _____

5. Sie haben einen Unfall mit dem neuen Auto Ihrer Eltern.

   _____

   _____

6. Heute Abend gibt es nichts zu essen, weil Sie vergessen haben, einzukaufen.

   _____

   _____

7. Der CD-Spieler ist kaputt, weil Sie ihn auf den Boden geworfen haben.

   _____

   _____

8. Sie schreiben eine Prüfung und sehen auf die Prüfung der Person neben Ihnen.

   _____

   _____

5 *Eine einzige Katastrophe!* Herr und Frau Schneider kommen aus dem Urlaub zurück. Das Haus ist eine einzige Katastrophe. Schreiben Sie auf, was alles im Haus gemacht und nicht gemacht wurde!

Beispiel: Die Katze wurde nicht gefüttert.

1. _____

2. _____

3. _____

4. _____

5. _____

6. _____

7. _____

8. _____

9. _____

6 *Teamarbeit!* Frank und Erika hatten gestern Abend Gäste. Die beiden teilten sich die Arbeit. Hier ist, was von den beiden gemacht werden musste!

Beispiel: Wasser in den Topf gießen
Das Wasser wurde in den Topf gegossen.

Hier ist, was Frank machte:

1. Zwiebel schneiden

   _____

2. Wasser kochen

   _____

3. Kartoffeln zubereiten

   _____

4. Tomaten waschen

   _____

5. Karotten in den Topf werfen

   _____

6. Wurst heiß machen

   _____

Hier ist, was Erika machte:

7. Messer und Gabeln auf den Tisch legen

   _____

8. Tisch decken

   _____

9. Gläser auf den Tisch stellen

   _____

10. Suppe servieren

    _____

11. Tisch abräumen

    _____

12. Esszimmer sauber machen

    _____

Kapitel 8

7 *Filme für junge Leute!* Bei schlechtem Wetter zeigt das Jugendzentrum in Quedlinburg Filme für Kinder und junge Leute. Hier sind die Anzeigen. Beantworten Sie die folgenden Fragen!

1. In welchem Film kommen kleine Leute vor?

   _____

2. In welchem Film spielen Marionetten die Hauptrolle?

   _____

3. Welcher Film ist ein Dokumentarfilm?

   _____

4. In welchem Film spielen eine alte Frau und zwei Mädchen die Hauptrollen?

   _____

5. Welcher Film kommt aus den USA?

   _____

6. Welcher Film ist ein bekanntes Märchen?

   _____

7. In welchem Film spielen Vater und Sohn die Helden?

   _____

8. In welchem Film geht es um Freundschaft?

   _____

8 *Eine Konferenz im Harz!* Lesen Sie den folgenden Artikel und beantworten Sie die Fragen!

Diabetikertage in Bad Lauterberg

Die Diabetis und der Umgang mit dieser verbreiteten Krankheit stehen im Mittelpunkt des „Bad Lauterberger Diabetiker-Tags" am 19. November. Ab 10 Uhr läuft in der Diabetis-Klinik Bad Lauterberg ein umfangreiches Programm mit unterschiedlichen Themenbereichen aus der Diabetis-Therapie ab.

So wird über den heutigen Stand der Tabletten- und Insulintherapie gesprochen oder die Frage der Diät und die Behandlung von Folgeerkrankungen diskutiert. Daneben wird zu Problemen aus dem Sozialrecht, der Berufstätigkeit und über die Situation von erkrankten Kindern und Jugendlichen Stellung genommen. Die Teilnehmer können nach den Vorträgen sogenannte Expertenrunden zu Einzelproblemen befragen.

Eine Industrieausstellung informiert über die neuesten Produkte für Diabetiker. Der Eintrittspreis kostet 10 Mark, worin der Preis für ein Mittagessen enthalten ist. Weitere Informationen unter der Telefonnummer 05524/81357.

1. Welche Krankheit ist das Thema dieser Konferenz?

   _____

2. Wann beginnt die Konferenz?

   _____

3. Wo findet sie statt?

   _____

4. Welche Themen werden besprochen? Nennen Sie mindestens zwei!

   _____

   _____

5. Wen können die Teilnehmer nach den Vorträgen etwas fragen?

   _____

6. Was kann man auf der Industrieausstellung sehen?

   _____

7. Wofür bezahlen die Besucher 10 Mark?

   _____

9 *Zurück aus der Kur im Harz!* **Was alles bei der Kur getan werden musste!**

Beispiel: viele Pläne vorher machen
Viele Pläne mussten vorher gemacht werden.

1. Gemüse / essen

   _____

   _____

2. Sport / treiben

   _____

   _____

3. Bäder / nehmen

   _____

   _____

4. Wanderungen / machen

   _____

   _____

5. Sonnencreme / benutzen

   _____

   _____

6. viel Wasser / trinken

   _____

   _____

7. den Arzt oft / besuchen

   _____

   _____

8. Medikamente und Vitamine / schlucken

   _____

   _____

10 *Woran Kali beim Kaufen von Inline Skates hat denken müssen.* Weleda hat ihm eine ganze Liste gemacht. Machen Sie daraus Passivsätze mit Modalverben!

Beispiel: der richtige Laden finden (müssen)
Der richtige Laden musste gefunden werden.

1. gute Schuhe anziehen (sollen)

   _____

   _____

2. Rollen auswechseln (können)

   _____

   _____

3. die Farbe der Schuhe aussuchen (müssen)

   _____

   _____

4. Preis besprechen (müssen)

   _____

   _____

5. die Schuhe eine halbe Stunde tragen (sollen)

   _____

   _____

6. die Skates fahren (sollen)

   _____

   _____

7. die Rechnung behalten (sollen)

   _____

   _____

8. die Schuhe bei Problemen zurückbringen (können)

   _____

   _____

11 *Beim Kauf von Inline Skates.* **Ergänzen Sie den folgenden Dialog!**

Verkäufer: Guten Tag!

Ingo: _____

Verkäufer: Ja, da sind Sie hier richtig. Wir haben eine große Auswahl an Inline Skates. Wie viel sollen Ihre Skates denn kosten?

Ingo: _____

Verkäufer: Hier sind ein paar Schuhe zu diesem Preis.

Ingo: _____

Verkäufer: Ja, natürlich. Gleich hinter dem Geschäft ist ein Parkplatz, auf dem Sie gern mit den Skates fahren können.

Ingo: _____

Verkäufer: So lange Sie möchten. Aber Sie wissen bestimmt, dass Sie mindestens eine halbe Stunde damit fahren sollten, bevor Sie sie kaufen. Sie können sie aber auch dann noch zurückbringen, wenn Sie sie schon gekauft haben.

Ingo: _____

_____

Verkäufer: Wenn Sie sie zurückbringen, brauchen Sie nur die Rechnung.

Ingo: _____

Verkäufer: Viel Spaß!

Ingo: _____

12 **Ergänzen Sie die Sätze mit *was* oder *wo*!**

1. Inline Skating ist etwas, _____ ich noch nicht ausprobiert habe.

2. Ich weiß aber nicht, _____ ich in meiner Stadt Inline-Skating machen kann.

3. Viele Leute sagen, Inline Skating ist das Beste, _____ es als Sport gibt.

4. In meiner Stadt gibt es einen Sportplatz, _____ man Inline Skating machen kann..

5. Das ist der Ort, _____ viele Jugendliche am Wochenende hingehen.

6. Das ist aber nichts, _____ ich am Wochenende machen möchte.

7. Meine Mutter meint aber, Inline Skating ist das Dümmste, _____ sie im Leben gesehen hat.

8. Ich möchte gern wissen, _____ meine Mutter als Mädchen am Wochenende gemacht hat.

13 *Wie geht's weiter?* Beenden Sie die Sätze mit *was-* oder *wo-*Sätzen!

1. Sport treiben ist etwas, _____.

2. Wo ist der Ort, _____?

3. Ich denke das Dümmste, _____.

4. Es gibt vieles, _____.

5. Ich weiß nichts, _____.

6. Ich kenne einen Ort, _____.

7. Wir suchen einen Platz, _____.

8. Weißt du etwas, _____?

14 *Post für Paracelsus!* Sie sind krank und wollen Patient von Paracelsus werden. Schreiben Sie ihm einen Brief und erklären Sie ihm, warum Sie ihn besuchen möchten!

_____

_____

_____

_____

_____

_____

_____

_____

_____

_____

_____

15 *Sind Sie krank?* Sie haben viele Symptome, aber wissen nicht, was Sie als Heilmittel nehmen können. Ihre Kräuterfrau macht Ihnen gute Vorschläge. Schreiben Sie, welche Heilmittel sie vorschlägt!

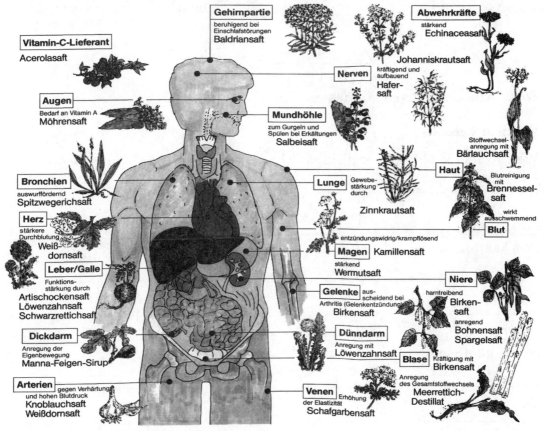

Beispiel: Sie brauchen mehr Vitamin C.
Acerolasaft

1. Ihr Bauch tut weh.

_____

2. Sie haben sich erkältet.

_____

3. Sie sehen schlecht.

_____

4. Sie sind sehr nervös.

_____

5. Sie schlafen schlecht.

_____

6. Ihr Herz ist schwach.

_____

7. Sie haben Probleme mit den Atemwegen.

_____

8. Vielleicht haben Sie Arthritis, denn Ihre Handgelenke, Ellenbogen, Arme und Beine tun weh.

_____

16 *Dicke Kinder.* Wie viel können Sie verstehen?

Vor dem Lesen:

Viele Kinder sind heute zu dick. Welche Gründe könnte es dafür geben?

_____

_____

Was kann man gegen dieses Problem tun? Machen Sie Vorschläge!

_____

_____

Ihre Essgewohnheiten: was essen Sie, wenn Sie nachmittags von der Schule nach Hause kommen?

_____

_____

Lesen Sie den Artikel und beantworten Sie die Fragen dazu!

Viele Kinder sind zu dick
Falsche Ernährung und zu wenig Bewegung

(dpa) Übergewichtige Kinder haben meist falsche Ernährungsgewohnheiten und dazu Bewegungsmangel. Die Eltern nehmen aber meist an, daß Hormonstörungen für das Gewicht ausschlaggebend sind. Deswegen kämen sie mit den Kindern in die Sprechstunde, sagt Bettina Tittel, Kinderärztin am Dresdner Universitätsklinikum. Doch in der Sprechstunde stelle sich bald die Wahrheit heraus.

„Die Kinder sitzen nachmittags vor dem Fernseher oder vor dem Gameboy, naschen dabei und trinken Cola", weiß die Medizinerin. Viele seien auch deshalb dick, weil sie übergewichtige Eltern hätten und deren falsche Ernährungsgewohnheiten übernähmen. Damit das Kind ein normales Gewicht erreiche, müßten auch die Eltern ihre Eß- und Trinkgewohnheiten umstellen. „Die Bereitschaft dafür ist aber sehr klein", so Tittel.

Hier einen Burger, dort ein paar Kartoffelchips – Kinder und Jugendliche essen sich oft auch einen regelrechten Schutzpanzer gegen die Alltagsprobleme an. Sie essen, was ihnen gerade in die Finger kommt, kaufen sich Süßigkeiten und Junk-food. Diese unregelmäßigen und unausgewogenen Mahlzeiten führen in Kombination mit zu wenig Bewegung unweigerlich zu unansehnlichen Rettungsringen. Kinder sollten mit sinnvollen Freizeitbeschäftigungen und Sport vom Essen abgelenkt werden, empfiehlt die Ärztin.

Lesen:

1. Mit welchen Patienten arbeitet Dr. Tittel?

   _____

2. Wie verbringen dicke Kinder ihren Nachmittag?

   _____

   _____

3. Welche Lebensmittel können Kinder zu dick machen?

   _____

4. Warum essen manche Kinder zu viel?

   _____

   _____

5. Wie kann man Kinder dazu motivieren, weniger zu essen?

   _____

17 *Das neue Jahr!* **Welches Wort passt hier am besten? Setzen Sie es ein!**

dick	Gemüse	Nahrungsmittelgruppen	Sport	Vitamine	Muskeln
entspannen		Form		fit	Fett

Patrick: Hallo, Dieter! Welche Vorsätze hast du für das neue Jahr?

Dieter: Tag, Patrick! Ich will dieses Jahr gesünder leben. Ich treibe zum Beispiel jeden Tag _____. Ich möchte gern ein paar Kilo weniger wiegen, weil ich in den letzten Jahren zu _____ geworden bin. Und seit ich im Büro arbeite, bin ich wirklich nicht mehr in _____. Aber am wichtigsten ist, dass ich _____ bin und nicht mehr beim Treppensteigen keine Luft bekomme. _____ sind einfach besser und attraktiver als Fett.

Patrick: Das finde ich toll, Dieter. Willst du auch anders essen?

Dieter: Ja, ich beachte jetzt die fünf _____. Das heißt mehr Obst und _____ und wenig _____. Außerdem kann ich so sicher gehen, dass ich alle wichtigen _____ esse. Was mir aber am besten an meiner neuen Lebensweise gefällt, ist, dass ich auch etwas gegen Stress tue. Jeden Tag versuche ich mich mindestens eine halbe Stunde zu _____. Gute Idee, nicht wahr?

18 *Beschreibungen!* **Beschreiben Sie die Gegenstände der Leute!**

Beispiel: Meine Mutter hatte viele Schlüssel, die ich oft nicht finde.
Die Schüssel meiner Mutter finde ich oft nicht.

1. Mein Onkel hat ein Modem, das sehr schnell ist.

   _____

   _____

2. Meine Schwester hat viele Disketten, die zu alt sind.

   _____

   _____

3. Mein Freund hat einen Computer, der sehr teuer ist.

   _____

   _____

4. Mein Nachbar hat eine CD-ROM, die viel Speicherraum hat.

   _____

   _____

5. Unser Computer hat einen großen Speicherraum, der sehr groß ist.

   _____

   _____

6. Unser Computer hat eine Tastatur, die sehr gut für die Hände ist.

   _____

   _____

7. Mein Opa hat eine Schreibmaschine, die sehr langsam ist.

   _____

   _____

8. Meine Oma hat ein Grammophon, das noch funktioniert.

   _____

   _____

19 *Wem gehört was?* Kombinieren Sie die Besitzer *(owners)* mit ihrem Besitz *(property)!*

Beispiel: Das ist das Modem meiner Nachbarn.

Besitz	**Besitzer**
der Amethyst	Gutenberg
die Ankunft	die Lehrerin
das Teleskop	der Berggeist
die Auslandserfahrung	der Gast
die Buchpresse	Kepler
die Kassetten	Hanna
das Mountainbike	Renate
das Modem	meine Nachbarn

1. _____

2. _____

3. _____

4. _____

5. _____

6. _____

7. _____

8. _____

20 *Das Landesschulsportfest.* Lesen Sie den Artikel und beantworten Sie die Fragen dazu!

Am Landesschulsportfest in der Ochsenschlacht nehmen 220 Jugendliche teil

Ingolstadt (dan) Demir Ramacan geht auf dem Startblock in die Knie. Beim Pfiff schnellt der 15jährige Ingolstädter kopfüber ins Wasser, durchquert mit gleichmäßigen Stößen das Schwimmbecken, wendet und kämpft nochmals mit voller Kraft. Schulfreunde feuern ihn lautstark an. Beim Anschlag schnappt er nach Luft, mit der gemessenen Zeit ist er nicht ganz zufrieden. Der Bub startet für die Johann-Nepomuk-von-Kurz-Schule beim Landesschulsportfest für Körperbehinderte. Schneller, höher, weiter: Gestern und heute kämpf(t)en auf der Sportanlage des Schulzentrums Südwest („Ochsenschlacht") rund 220 körperbehinderte Kinder aus 13 bayerischen Behindertenschulen in knapp 20 Disziplinen um einen Platz auf dem Siegertreppchen. Der vom bayerischen Kultusministerium veranstaltete Wettkampf findet zum erstenmal in Ingolstadt statt.

„Viele der Jugendlichen können sich nur beim Schwimmen ohne fremde Hilfe fortbewegen", unterstreicht Asta König, Landesschulobfrau Sport für Körperbehinderte, den hohen Stellenwert des Wassersports für die Wettkampfteilnehmer. Die Regensburgerin hält die aufgeregte Schar in Badehosen im Zaum und hat die Startreihenfolge und die Erfassung der Ergebnisse im Auge. Innerhalb von zwei Tagen wickelt sie unzählige Durchgänge im 50-Meter-Schwimmen, Staffeln und Wasserballturniere ab. Damit sich die Leistungen der Jugendlichen zwischen 12 und 16 Jahren vergleichen lassen, sind sie nach Art und Schweregrad ihrer Behinderung in acht Gruppen eingeteilt. Es gibt Kinder, die auf einen Elektrorollstuhl angewiesen sind, während andere alleine laufen können. In Riegen zusammengefaßt, werden ihre Zeiten, Weiten, Körbe und Treffer gesammelt und ausgewertet.

Wassersport hat hohen Stellenwert

Am frühen Nachmittag ist zur allgemeinen Erleichterung klar: Die Sonne siegt über die Wolken.

Betreuer und Teilnehmer verteilen sich scherzend in kleinen Gruppen über den Sportplatz. Ohne die unzähligen Helfer in weißen T-Shirts und Schirmmützen, bewaffnet mit Startlisten, Stoppuhren und Getränken, ließe sich das Sportfest nicht durchführen. Rund 80 Betreuer sind mit den auswärtigen Jugendlichen an die Donau gereist, und knapp 100 Lehrer, Zivis, Pflegekräfte der Tagesstätte und Schüler stellt Ingolstadt.

Bereits zum dritten Mal tritt die 16jährige Rollstuhlfahrerin Monika Koller im Dreikampf an. „Ich bin eigentlich nicht nervös", erzählt die Ingolstädterin. Bevor sie an den Start zum Slalom rollt, schiebt sie noch ein Stück Schokolade in den Mund: „Zur Stärkung." Den Weitwurf habe sie schon hinter sich, das Schnellfahren stehe ihr noch bevor. Aussichten auf einen Platz ganz vorne sehe sie nicht, ihr sei die Stimmung auf dem Fest das wichtigste.

1. Wie viele Sportarten sind beim Landesschulsportfest dabei?

   _____

2. Wo findet dieses Fest statt?

   _____

3. Wer sind die Sportler auf diesem Fest?

   _____

4. Warum ist das Schwimmen bei diesem Fest so wichtig?

   _____

5. Wie oft hat Monika schon an diesem Fest teilgenommen?

   _____

6. In welcher Disziplin nimmt sie teil?

   _____

7. Was findet Monika auf diesem Fest am wichtigsten?

   _____

21 *Was ist es?* Können Sie die Buchstaben in die richtige Reihenfolge bringen, damit Sie ein Wort daraus machen? Versuchen Sie es! All diese Wörter haben mit Paracelsus zu tun.

1. NELMIIRNEA

    _____

2. TAHCMOIRHEEEP

    _____

3. ESTFATWNCNURIESHANS

    _____

4. KHAUEITRL

    _____

5. TLEEAML

    _____

6. MMTKNEDAEEI

    _____

7. ZEMNDII

    _____

8. MICEHE

    _____

22 *Lösen Sie das Rätsel!* Zuerst schreiben Sie das Wort, das dargestellt *(depicted)* wird (jedes Wort ist in diesem Kapitel zu finden). Die Nummer in dem Kasten sagt Ihnen dann, welchen Buchstaben Sie für die Lösung nehmen sollen. Dann haben Sie ein Wort, das mit diesem Kapitel zu tun hat. Schreiben Sie alle Buchstaben groß! Viel Spaß!

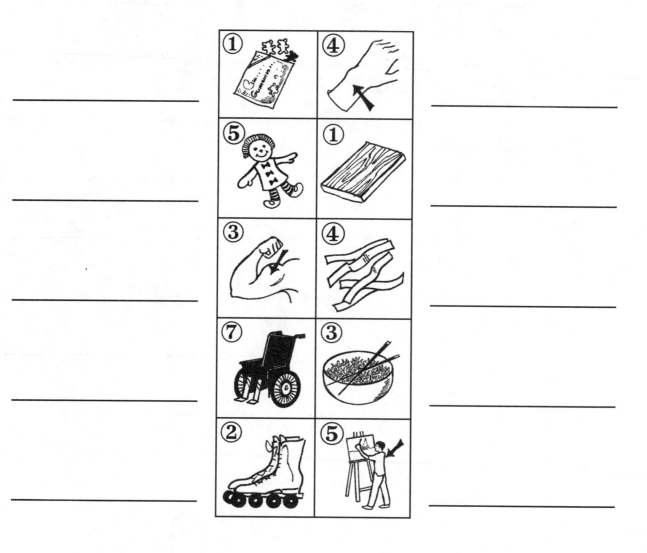

Lösung: ____ ____ ____ ____ ____ ____ ____ ____ ____

Kapitel 9

1 *Frau Muschel und Herr Sever.* Frau Muschel trifft im Garten auf Herrn Sever und erzählt ihm, dass Rieke die Midgard nicht leiden kann. Ergänzen Sie die Sätze, die Frau Muschel gesagt hat!

Herr Sever: Sie sehen aber gar nicht glücklich aus, Frau Muschel! Was ist denn passiert? Hat Weleda Ihnen eine traurige Geschichte erzählt, oder sind Sie einfach nur schlechter Laune?

Frau Muschel: Ich war gerade in der Midgard und habe die Rieke und unseren Kali gehört, als sie miteinander geredet haben.

Herr Sever: Und was haben Sie da gehört? Das muss ja ganz schlimm gewesen sein, wenn es Sie so sauer gemacht hat.

Frau Muschel: Die Rieke hat gesagt, dass _____

_____

Herr Sever: Ja, die Rieke will also nicht in der Midgard bleiben und sie will den Kali bei sich haben. Das verstehe ich ja. Aber warum will sie denn weg?

Frau Muschel: _____

_____

Herr Sever: Das kann ich auch gut verstehen. Als ich jung war, wollte ich auch die ganze Welt sehen. Und was meint Kali dazu?

Frau Muschel: _____

_____

Herr Sever: So so, der Kali möchte also noch länger in der Midgard bleiben und die Rieke will in die weite Welt. Tja, das ist eine schwere Entscheidung für unsren kleinen Kali. Was würden Sie machen, wenn Sie Kali wären, Frau Muschel?

Frau Muschel: _____

_____

Herr Sever: Kommen Sie, Frau Muschel! Wir trinken miteinander einen Tee und reden von den schönen Seiten des Lebens. Kali und Rieke machen das schon richtig.

Frau Muschel: Und vielleicht sollten wir die Weleda einladen. Sonst fühlt sie sich auch so allein.

Herr Sever: Gut, gehen wir zur Weleda und ich mache den Tee. Und ein paar Kekse gibt es auch noch, denn die habe ich noch im Schrank liegen. Wir machen es uns in der Bibliothek zum Tee mit Keksen schön gemütlich. Aber wir reden nicht davon, dass der Kali weg will. Das hört die gute Weleda noch früh genug.

2 *Zwei große Buchstaben werden zum Thema.* **Lesen Sie den Text und beantworten Sie dann die Fragen dazu!**

Zwei große Buchstaben werden zum Thema

Scheiner-Gymnasiasten befaßten sich mit der EU

Ingolstadt (DK) Der diesjährige Studientag unserer Klasse 11d des Christoph-Scheiner-Gymnasiums ließ sich in zwei Buchstaben zusammenfassen: EU. Viele von uns konnten sich zunächst unter diesem Kürzel nichts Genaues vorstellen, da der Begriff der „Europäischen Union" einen sehr großen politischen Bereich umfaßt und man nicht recht weiß, wie man das Problem am besten anpackt. Doch wir haben das Problem gut gelöst, indem wir uns bereits im Vorfeld in der Presse informierten und uns zu Hause in kleinen Gruppen mit verschiedenen Teilbereichen befaßten: dem Werdegang der EU, den Institutionen der Gemeinschaft, dem Europäischen Binnenmarkt, wichtigen Neuerungen seit dem Maastrichtvertrag und natürlich der Wirtschafts- und Währungsunion.

Der Studientag selbst wurde dann für jeden von uns zu einer Bereicherung unseres Allge-

meinwissens – mit viel Spaß, aber auch mit vielen interessanten Informationen zu Geographie, Geschichte, Wirtschaft und Politik Europas. Aus gemeinsam erstellten Informationsplakaten, Presserevuen und persönlichen Kommentaren entstand im Foyer unserer Schule eine Ausstellung zum Thema. Einen Höhepunkt bildete zweifellos auch das europäische Mittagessen, zu dem jeder selbstgebackene Spezialitäten aus den Mitgliedsstaaten beisteuerte. Und doch war dieser Tag nur die Einstimmung für den folgenden, an dem wir die Vertretung der Europäischen Kommission in München besuchen sollten . . .

Um 8 Uhr fuhren wir mit der Leiterin des Projekts, unserer Lehrerin Octavia Baldus, mit dem Zug nach München zum Europäischen Parlament. Zunächst hatten wir Zweifel, ob wir uns am rechten Ort befinden, da wir nicht ins Patentamt wollten, sondern zur Kommission. Es stellte

sich jedoch heraus, daß die Räume der Sparte Öffentlichkeitsarbeit dort untergebracht waren. Bevor wir das Gebäude betreten durften, mußten wir uns am Eingang Besucherplaketten deutlich sichtbar an die Jacken heften. Kurze Zeit später wurden wir von Isabel Funke im Namen der Europäischen Kommission begrüßt.

1. Wer organisiert den Studientag?

   _____

2. Was ist das Thema des Studientages?

   _____

3. Über welche fünf Teilbereiche des Themas informieren sich die Schüler?

   _____

   _____

   _____

4. Was tun die Schüler mit der Information, die sie gesammelt haben?

   _____

5. Was gab es auf dem europäischen Mittagessen?

   _____

6. Was machten die Schüler am Tag nach dem Studientag?

   _____

3 *Skepsis und Angst gegenüber dem Euro.* Welche Aussagen sind falsch? Verbessern Sie sie!

Skepsis und Angst gegenüber dem Euro

Ingolstadt (DK) Eine Umfrage zeigt es deutlich: Die Bundesbürger stehen im Gegensatz zur europäischen Mehrheit der Einführung des Euros eher skeptisch gegenüber. Welche Gründe lassen sich hierfür anführen?

Zum einen die Angst vor allem vieler älterer Menschen, nach den bitteren Erfahrungen zweier Währungsreformen jetzt bei einer erneuten Währungsumstellung wieder Geld zu verlieren. Diese Vorsicht ist jedoch unbegründet, da es sich bei der Umstellung von D-Mark, Schilling oder Gulden in die Euro-Währung lediglich um einen' rein rechnerischen Vorgang handelt: Versicherungen, Lohn, Rente, Miete, Tilgungen, Lebensmittelpreise ... alles wird im gleichen Verhältnis umgestellt.

Auch der oft gehörte Einwand, die Euro-Währung könne niemals so stabil sein wie unsere D-Mark, läßt sich schnell entkräften. Denn, nur wer strenge Aufnahmebedingungen („Konvergenzkriterien") erfüllt, kann überhaupt an der Währungsunion teilnehmen: Schon vor Beginn der Währungsunion muß jeder Staat seine Notenbank so unabhängig machen, wie es bei uns die Bundesbank ist; in einer mehrjährigen Vorbereitungszeit muß jeder Staat seine Schulden abbauen und seine Neuverschuldung begrenzen, muß dafür sorgen, daß die langfristigen Zinsen und die Inflationsrate sinken, muß seine Währung gegenüber den anderen Währungen stabil halten. Und wenn ein Land, das in der Währungsunion ist, wieder in den alten Schlendrian verfallen sollte, kann die EU mit empfindlichen Geldbußen einschreiten.

Sicherlich liegt die allgemeine Skepsis dem Euro gegenüber auch in dem Vorurteil begründet, wir Deutschen würden am wenigsten von einer Währungsumstellung profitieren. Daß aber genau das Gegenteil der Fall ist, veranschaulicht folgendes Beispiel: Pro Jahr geben die Deutschen 40 Milliarden Mark für Reisen in andere EU-Länder aus. Wenn dabei auch nur zweieinhalb Prozent an Umtauschkosten entstehen, fehlt uns insgesamt Jahr für Jahr eine Milliarde Mark in der Urlaubskasse. Mit dem Euro-Geld hingegen kann man in anderen Ländern der Währungsunion zahlen, und das mühsame Umrechnen entfällt. Zudem können viele Milliarden eingespart werden, wenn die Risiken des Währungsumtausches entfallen. Die Währungsunion wird ein Wirtschaftsraum mit größerer Preisstabilität, mit wachsendem Warenaustausch und Dienstleistungen und mit mehr Möglichkeiten der Beschäftigung sein.

1. Die Deutschen sind weniger skeptisch als andere Europäer, wenn es zum Euro kommt.

   _____

2. Vor allem haben viele ältere Leute Angst.

   _____

3. Viele ältere Leute haben schon früher Geld verloren.

   _____

4. Manche Leute haben Angst, dass der Euro nicht so stabil wie die D-Mark sein wird.

   _____

5. Die Aufnahmebedingungen für die EU sind leicht zu erfüllen.

   _____

6. Viele Deutsche glauben, dass sie am meisten vom Euro profitieren werden.

   _____

   _____

7. Viele Touristen verdienen Geld beim Geldumtausch.

   _____

8. Mit dem Euro kann man nur in Deutschland bezahlen.

   _____

4 *Ich will nicht!* Silvia will nicht zum Schülerforum gehen. Aysel versucht, sie zu überreden. Ergänzen Sie den Dialog!

Aysel: Du solltest wirklich zum Schülerforum mitkommen. So ein interessantes Thema hatten wir schon lange nicht mehr.

Silvia: _____

Aysel: Du findest die Diskussion über den Euro nicht wichtig? Warum nicht?

Silvia: _____

Aysel: Ich verstehe dein Argument nicht. Das ist nicht nur eine theoretische Diskussion, sondern hat auch praktische Konsequenzen. Wenn der Euro kommt, dann wirst du ihn jeden Tag benutzen.

Silvia: _____

Aysel: Warum glaubst du denn jetzt plötzlich, dass der Euro nicht kommen wird?

Silvia: _____

Aysel: O.k., also viele europäischen Länder wollen den Euro nicht. Aber was denkst du persönlich?

Silvia: _____

Aysel: Wenn du das nicht weißt, solltest du dir vielleicht doch das Schülerforum anhören.

Silvia: _____

Aysel: Weil dort viele Experten sind, die mehr Informationen zu dem Thema haben. Also was sagst du: kommst du mit?

Silvia: _____

5 *Was passierte auf dem Schülerforum?* Benutzen Sie das Passiv, um zu sagen, was auf dem Schülerforum passiert.

Beispiel: Die Schüler / zum Treffen rufen
Die Schüler werden zum Treffen gerufen.

1. Experten / einladen

_____

2. Die Gäste / begrüßen

_____

3. Das Thema / diskutieren

_____

4. Einige Fragen / stellen

_____

5. Die Fragen / beantworten

_____

6. Frau Lingenhöhl / interviewen

_____

7. Die Meinung von Herrn Lenz / teilen

_____

8. Die Zuhörer / informieren

_____

6 *Der Traumjob!* **Sie haben den besten Job der Welt bekommen, aber wie wird er sein? Schreiben Sie mindestens vier Ihrer eigenen Ideen! Hier sind einige Ideen.**

Beispiel: ein großes Büro haben
Ich werde ein großes Büro haben.

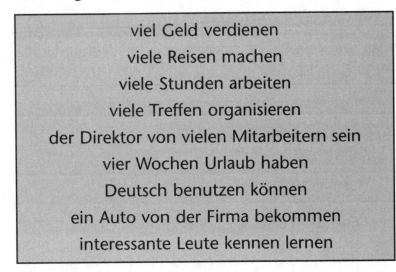

viel Geld verdienen

viele Reisen machen

viele Stunden arbeiten

viele Treffen organisieren

der Direktor von vielen Mitarbeitern sein

vier Wochen Urlaub haben

Deutsch benutzen können

ein Auto von der Firma bekommen

interessante Leute kennen lernen

1. _____

2. _____

3. _____

4. _____

5. _____

6. _____

7. _____

8. _____

9. _____

7 *Passiv, Futur oder* werden *als Vollverb?* Schreiben Sie die Sätze und passen Sie auf, dass Sie *werden* richtig benutzen!

1. Ich / einen neuen Job / suchen

   _____

   _____

2. Ich / vom Direktor / interviewen

   _____

   _____

3. Viele Fragen / müssen / beantworten

   _____

   _____

4. Beim Interviewen / ich / nervös

   _____

   _____

5. Ich / von den Mitarbeitern / begrüßen

   _____

   _____

6. Der Direktor / mich fragen, was ich machen will

   _____

   _____

7. Ich hoffe, ich / den Job / bekommen

   _____

   _____

8. Ich / bestimmt / eine gute Mitarbeiterin (ein guter Mitarbeiter)

   _____

   _____

8 *Stellen Sie sich vor!* Sie sind Abgeordneter/Abgeordnete im Europarat und müssen ein Projekt unterstützen. Unten ist eine Liste mit Problemen. Wählen Sie ein Problem und erklären Sie, warum es ein wichtiges Projekt ist und schlagen Sie Lösungen vor!

1. In einem Land in Europa gibt es Krieg und die Leute müssen ihre Häuser und Städte verlassen. Kein anderes europäisches Land will sie haben.

2. Es gibt drei Dome in Italien, die restauriert werden müssen, aber dafür gibt es kein Geld.

3. Die Kirchen in einem Land werden zugemacht.

4. In einem Land werden politische Gruppen verboten.

9 *Sätze bilden!* Machen Sie Sätze mit den Verben und den Zeit- und Ortsangaben auf der Liste unten!

Beispiel: müssen / zum Arzt / am Donnerstag
Hans muss am Donnerstag zum Arzt.

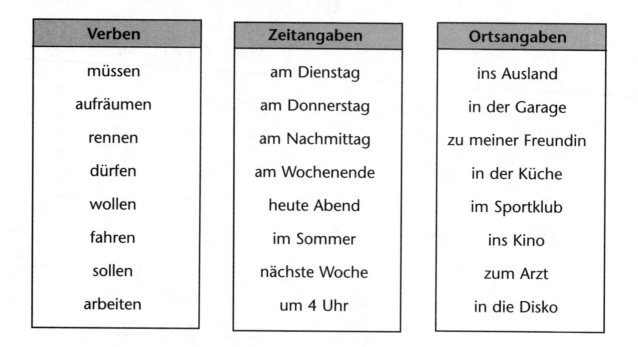

Verben	Zeitangaben	Ortsangaben
müssen	am Dienstag	ins Ausland
aufräumen	am Donnerstag	in der Garage
rennen	am Nachmittag	zu meiner Freundin
dürfen	am Wochenende	in der Küche
wollen	heute Abend	im Sportklub
fahren	im Sommer	ins Kino
sollen	nächste Woche	zum Arzt
arbeiten	um 4 Uhr	in die Disko

1. _____

2. _____

3. _____

4. _____

5. _____

6. _____

7. _____

8. _____

10 *Wehe, wenn sie wiederkommen.* Lesen Sie den Artikel über verlorenes Gepäck und beantworten Sie die Fragen dazu!

Die Frau ist das, was man eine Dame nennt: Ihr Kostüm aus teurem Tuch, ihr Auftreten zurückhaltend und von erlesener Höflichkeit, die Stimme dezent. Nur das Lächeln, um das sie sich müht, will ihr einfach nicht gelingen. Stattdessen macht sich auf ihrem feingeschnittenen Gesicht Verzweiflung breit. „It was black", betont sie mit freundlichem Nachdruck. Das schwarze Etwas, von dem sie da spricht, ist ihr Koffer. Der ist weg. „It's very bad." Sie kommt aus Helsinki, bleibt nur eine Nacht in München, fliegt dann weiter.

Kein Problem, man werde ihr den Koffer dann eben hinterher schicken, tröstet die junge Frau am Schalter. Ja, ja, erwidert die Reisende, aber leider seien in dem Koffer eben auch die Geschenke für den Sohn, den sie heute hier in München besuchen will. „It's very bad", wiederholt sie. Das klingt jetzt doch sehr mühsam beherrscht. Petra Zackacker nickt ver-

ständnisvoll, gibt die Suchanzeige in den Computer ein, verbreitet freundlichen Trost. Die Dame aus Helsinki bleibt dennoch ratlos: „What shall we do now?"

In Fällen wie diesem, wenn die Zuversicht der Reisenden zu schwinden droht, haben die Mitarbeiter und Mitarbeiterinnen der Gepäckermittlung der Lufthansa am Münchner Flughafen immer noch die magische Zahl 99 parat. 99 Prozent aller verlorengeglaubten Gepäckstücke tauchen wieder auf: 85 Prozent der betroffenen Fluggäste, erklärt Rüdiger Tyborski, Leiter des Kundendienstes bei der Lufthansa in München, bekommen ihr Gepäck noch am gleichen Tag wieder, zehn Prozent innerhalb von 24 Stunden und nur 0,9 Prozent all derer, die an einem der „Lost and found"-Schalter einen Verlust melden, sehen ihren Koffer nie wieder.

Welche absolute Zahl sich hinter diesen 0,9 Prozent verbirgt, das können und mö-

gen weder Tyborski noch Cornelia Renck, die Leiterin der Gepäckdienste bei der Lufthansa in München, sagen. Immerhin beschäftigt die Lufthansa allein auf dem Münchner Flughafen 51 Mitarbeiter und Mitarbeiterinnen, die sich um verschwundene Koffer oder – wie Tyborski und Renck korrigieren – um „Gepäckstücke, die eine Unregelmäßigkeit erleiden" kümmern. Neben der Lufthansa, die das Suchen und Finden von Gepäckstücken nicht nur für ihre eigenen Fluggäste, sondern auch für die von 24 weiteren Fluggesellschaften betreibt, haben auf dem Münchner Flughafen auch einige andere große Gesellschaften eigene „Lost and found"-Schalter eingerichtet. Da will man schon aus Konkurrenzgründen eine so unerfreuliche Zahl wie die der verlorenen Koffer nicht verraten. Überhaupt, so finden die Gepäckermittler, sei das alles doch kein Thema.

1. Beschreiben Sie die Person, die den Koffer verloren hat! (mindestens drei Sätze)

   _____

   _____

2. Warum ist es für sie ein großes Problem, dass dieser Koffer verloren gegangen ist?

   _____

3. Was macht Petra Zackacker, um dieser Person zu helfen?

   _____

4. Was ist die magische Zahl 99?

   _____

5. Wann bekommen die meisten Leute ihr Gepäck wieder?

   _____

6. Was machen die Mitarbeiter des Gepäckdienstes der Lufthansa auf dem Münchner Flughafen?

   _____

   _____

11 *Wo ist mein Koffer?* **Ergänzen Sie den Dialog!**

Fluggast: Guten Tag! Ich komme gerade von der Gepäckauslieferung, aber mein Koffer war nicht da!

Angestellter: Oh, das tut mir leid. _____

Fluggast: Dunkelbraun, von Samsonite.

Angestellter: _____

Fluggast: Mit der Lufthansa.

Angestellter: _____

Fluggast: Aus Berlin, Flugnummer 8875

Angestellter: _____

Fluggast: Nein, ich bleibe jetzt hier in Düsseldorf.

Angestellter: _____

Fluggast: Im Hotel Kempinski. Die Zimmernummer bekommen Sie an der Rezeption.

Angestellter: _____

Fluggast: Das will ich hoffen, weil ich übermorgen zurückfliegen muss.

Angestellter: _____

Fluggast: Das ist gut. Ich brauche den Koffer heute Abend. Vielen Dank und auf Wiedersehen!

Angestellter: Auf Wiedersehen, und machen Sie sich keine Sorgen!

12 *Was alles für den Euro gemacht wird!* **Schreiben Sie die Sätze zu Ende!**

Beispiel: in den europäischen Ländern: zusammenarbeiten
    Es wird in den europäischen Ländern zusammengearbeitet.

1. in vielen Städten: Informationsmessen organisieren

  _____

2. im Parlament: Gesetze schreiben

  _____

3. in den Schulen: Schüler informieren

  _____

4. für die Banken: neues Geld drucken

  _____

5. in den Geschäften: mit neuem Geld bezahlen

  _____

6. auf den Straßen: Partys feiern

_____

7. überall: neues Geld ausgeben

_____

8. in Europa: eine neue Zeit beginnen

_____

13 **Kombinieren Sie und schreiben Sie Sätze mit den Satzteilen!**

> wurden von Galileo entdeckt
>
> wurde nach neun Jahren von Kepler entdeckt
>
> wurden von Sir Isaac Newton entdeckt
>
> wurde von Kopernikus entwickelt
>
> wurde zum ersten Mal von Ptolemäus besprochen
>
> wurde kaiserlicher Hofmathematiker
>
> wurde weiterentwickelt
>
> wurden von Kepler entdeckt

1. Das geozentrische Planetensystem _____

_____.

2. Die Gesetze der Planetenbahnen_____

3. Das Fernrohr _____

4. Die Gravitationsgesetze_____

5. Die Idee des heliozentrischen Planetensystems _____

_____.

6. Johannes Kepler _____

7. Sonnenflecken _____

8. Die Planetenbahn des Mars _____

_____.

14 *Keplers ewiger Kalender.* Mit diesem Kalender können Sie ausrechnen, an welchem Wochentag (Montag, Dienstag, Mittwoch, usw.) etwas passiert ist oder passieren wird. Lesen Sie die Erklärung und finden Sie die folgenden Informationen! Rechnen Sie aus,...

Ewiger Kalender für die Jahre 1801 - 2099

A Jahre												B Monate											
1801-1900				1901-2000				2001-2099				J	F	M	A	M	J	J	A	S	O	N	D
01	29	57	85		25	53	81		09	37	65	93	4	0	0	3	5	1	3	6	2	4	0	2
02	30	58	86		26	54	82		10	38	66	94	5	1	1	4	6	2	4	0	3	5	1	3
03	31	59	87		27	55	83		11	39	67	95	6	2	2	5	0	3	5	1	4	6	2	4
04	32	60	88		28	56	84		12	40	68	96	0	3	4	0	2	5	0	3	6	1	4	6
05	33	61	89	01	29	57	85		13	41	69	97	2	5	5	1	3	6	1	4	0	2	5	0
06	34	62	90	02	30	58	86		14	42	70	98	3	6	6	2	4	0	2	5	1	3	6	1
07	35	63	91	03	31	59	87		15	43	71	99	4	0	0	3	5	1	3	6	2	4	0	2
08	36	64	92	04	32	60	88		16	44	72		5	1	2	5	0	3	5	1	4	6	2	4
09	37	65	93	05	33	61	89		17	45	73		0	3	3	6	1	4	6	2	5	0	3	5
10	38	66	94	06	34	62	90		18	46	74		1	4	4	0	2	5	0	3	6	1	4	6
11	39	67	95	07	35	63	91		19	47	75		2	5	5	1	3	6	1	4	0	2	5	0
12	40	68	96	08	36	64	92		20	48	76		3	6	0	3	5	1	3	6	2	4	0	2
13	41	69	97	09	37	65	93		21	49	77		5	1	1	4	6	2	4	0	3	5	1	3
14	42	70	98	10	38	66	94		22	50	78		6	2	2	5	0	3	5	1	4	6	2	4
15	43	71	99	11	39	67	95		23	51	79		0	3	3	6	1	4	6	2	5	0	3	5
16	44	72		12	40	68	96		24	52	80		1	4	5	1	3	6	1	4	0	2	5	0
17	45	73		13	41	69	97		25	53	81		3	6	6	2	4	0	2	5	1	3	6	1
18	46	74		14	42	70	98		26	54	82		4	0	0	3	5	1	3	6	2	4	0	2
19	47	75		15	43	71	99		27	55	83		5	1	1	4	6	2	4	0	3	5	1	3
20	48	76		16	44	72	00		28	56	84		6	2	3	6	1	4	6	2	5	0	3	5
21	49	77	00	17	45	73		01	29	57	85	1	4	4	0	2	5	0	3	6	1	4	6
22	50	78		18	46	74		02	30	58	86		2	5	5	1	3	6	1	4	0	2	5	0
23	51	79		19	47	75		03	31	59	87		3	6	6	2	4	0	2	5	1	3	6	1
24	52	80		20	48	76		04	32	60	88		4	0	1	4	6	2	4	0	3	5	1	3
25	53	81		21	49	77		05	33	61	89		6	2	2	5	0	3	5	1	4	6	2	4
26	54	82		22	50	78		06	34	62	90		0	3	3	6	1	4	6	2	5	0	3	5
27	55	83		23	51	79		07	35	63	91		1	4	4	0	2	5	0	3	6	1	4	6
28	56	84		24	52	80		08	36	64	92		2	5	6	2	4	0	2	5	1	3	6	1

C Tage

Mo	2	9	16	23	30	37
Di	3	10	17	24	31	
Mi	4	11	18	25	32	
Do	5	12	19	26	33	
Fr	6	13	20	27	34	
Sa	7	14	21	28	35	
So	1	8	15	22	29	36

An welchem Tag war der 7. Juni 1930?

Erklärung: Suche die verlangte Jahreszahl unter A. Ziehe von dort einen geraden Strich zu dem Monat unter B. Addiere die dort gefundene Zahl mit der Tageszahl des Datums (7). Die Summe dieser Addition (0 plus 7) ist 7; suche nun unter C dann ist Samstag der Tag.

Angaben ohne Gewähr

1. an welchem Wochentag Sie geboren sind.

   _____.

   _____.

2. an welchem Wochentag Ihre Lieblingsverwandten geheiratet haben.

   _____.

   _____.

3. an welchem Wochentag Ihr Vater oder Ihre Mutter geboren ist.

   _____.

   _____.

4. an welchem Wochentag Ihr bester Freund/Ihre beste Freundin im Jahre 2050
   Geburtstag haben wird.

   _____.

   _____.

5. an welchem Wochentag im Jahre 2015 der Valentinstag (14. Februar) sein
   wird.

   _____.

   _____.

6. an welchem Wochentag im Jahre 2010 der 31. Dezember sein wird.

   _____.

   _____.

7. an welchem Wochentag der 500. Geburtstag von Johannes Kepler gefeiert wird.

   _____.

   _____.

8. an welchem Wochentag im Jahre 2099 der 1. April sein wird.

   _____.

   _____.

15 *Auch Jugendliche helfen der Umwelt.* Lesen Sie den Flyer der Jugendgruppe „Natur und Umweltschutz" und beantworten Sie diese Fragen!

Jugendgruppe "Natur und Umweltschutz"

Die Jugendgruppe "Natur und Umweltschutz" wurde im Herbst 1990 von einigen im Umweltschutz aktiven Jugendlichen gegründet. Ziel der Arbeit soll hauptsächlich der aktive Naturschutz sein, das heißt Organisation von Arbeitseinsätzen. Das hört sich sehr nach Schufterei in der Botanik an, ist aber bei weitem nicht so, denn wer schon mal einen solchen Arbeitseinsatz mitgemacht hat, weiß sicherlich, daß es auch großen Spaß macht, mit vielen gleichaltrigen zusammenzuarbeiten. Man arbeitet nicht nur so vor sich hin, sondern lernt auch viele neue Leute kennen.

Wir treffen und nicht regelmäßig , weil das für unsere Arbeitsorganisation nicht wichtig ist. Unsere Treffen sind dann die Arbeitseinsätze in der Natur. Wenn es manchmal nötig ist, sich vorher abzusprechen, versuchen wir alle Aktiven zusammenzutrommeln. Wer bei uns mitmachen will, kann sich an Tim Steinhardt oder Daniel Kurth wenden. Am besten ist es, eine schriftliche oder telefonische Nachricht im Stadt- und Kreisjugendring e.V. Eberswalde, in der Eichwerderstr. 66 zu hinterlassen (Tel.: 23428). Wir haben keinen Altersgrenze für unsere Aktionisten gesetzt, weil in der Regel jede Hand gebraucht wird. Nun noch ein paar Worte zu dem, was wir tun. Wir versuchen mit der Naturschutzbehörde der Kreisverwaltung zusammenzuarbeiten. Dort fallen so viele Aufgaben an, daß wir der Behörde hilfreich zur Seite stehen.

Eines unserer langzeitigen Projekte ist der Trockenrasenstandort auf dem Teufelsberg. Dort führen wir Entbuschungsarbeiten durch und halfen der Naturschutzbehörde beim Mähen des Trockenrasens. Eine weitere Aktion war das Errichten des Stadtökologischen Lehrpfades, der vom Marktplatz bis zur Märchenvilla führt.

Oft arbeiten wir mit anderen Umweltschutzorganisationen, wie z.B. dem B.U.N.D. zusammen, das heißt wir organisieren Arbeitseinsätze gemeinsam.

Es ist für die Arbeit auch nicht wichtig, daß man an allen Arbeitseinsätzen teilnimmt, denn Hauptsache ist, daß die Aktionen Spaß machen. Wer also nur ab und zu mal mitmachen möchte, ist auch gerne gesehen.

1. Wann wurde die Jugendgruppe „Natur und Umweltschutz" gegründet?

   _____.

2. Von wem wurde die Jugendgruppe gegründet?

   _____.

3. Was ist das Ziel dieser Gruppe?

   _____.

4. Warum macht es Spaß, mit dieser Jugendgruppe zusammenzuarbeiten?

   _____.

5. Mit wem arbeitet die Jugendgruppe bei Aktionen manchmal zusammen?

   _____.

6. Wen sehen die Jugendlichen auch gern?

   _____.

16 *Und wie ist das Wetter bei Ihnen?* Ein Freund/eine Freundin aus Deutschland will Sie nächstes Jahr besuchen. Er oder sie weiß noch nicht wann. Deshalb will er/sie wissen, wie das Wetter im Sommer und Winter bei Ihnen ist. Beschreiben Sie das Wetter bei Ihnen!

Liebe(r) _____, das Wetter bei uns...

_____

_____

_____

_____

_____

_____

17 *Wetterbericht!* Hier ist eine Wetterkarte für Europa. Schreiben Sie einen kurzen
Wetterbericht!

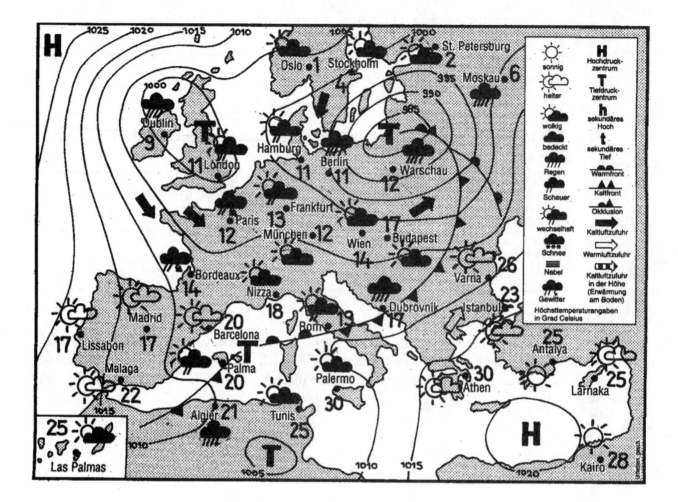

_____

_____

_____

_____

_____

_____

_____

18 *Persönliches.* **Beantworten Sie die Fragen!**

1. Wann brauchen Sie eine Behandlung beim Arzt/bei der Ärztin?

   _____.

   _____.

2. Wann geben Ihnen Ihre Eltern eine Warnung?

   _____.

   _____.

3. Wann brauchen Sie Erholung?

   _____.

   _____.

4. Wann müssen Sie wichtige Entscheidungen treffen?

   _____.

   _____.

5. Wann bekommen Sie zu wenig Bewegung?

   _____.

   _____.

6. Welche Erinnerung ist für Sie besonders schön?

   _____.

   _____.

7. Haben Sie eine Spezialisierung? Welche?

   _____.

   _____.

8. Was kann man für die Müllvemeidung tun?

   _____.

   _____.

19 *Schnitzeljagd!* Die Antworten sind in diesem Kapitel versteckt. Viel Spaß beim Suchen!

1. Rieke musste immer in einer _____ sitzen.

2. Julia stellt die Leute auf dem _____ vor.

3. Herr Lenz arbeitet bei der _____ .

4. Frau Schilling arbeitet als _____ in ihrer Stadt.

5. _____ , _____

   und _____ sammeln Informationen über Straßburg.

6. Johann Wolfgang von Goethe war begeistert von _____ Dom.

7. Albert Schweizer gewann 1952 den _____.

8. Ikarus fiel in das _____.

9. Kepler entwickelte das moderne _____.

10. Die Keplerschen Gesetze der Planetenbewegung halfen

    _____ , das Gesetz der Gravitation zu entwickeln.

11. Viele Namen im Montafon kommen aus dem _____.

12. Auf ihrer Fahrt sieht Bettina das _____ und macht sich Sorgen um die Umwelt.

13. Thomas' Eltern waren sauer, weil er ein _____ haben wollte.

14. _____ sollten nicht zu niedrig fliegen.

15. Johannes Gutenberg entwickelte eine Buchpresse in _____.

Kapitel 9

20 *Versteckte Wörter.* Können Sie die folgenden Wörter im Puzzle finden?

TREIBHAUSEFFEKT	SONNE	WALD	LAWINE
REGEN	UFER	FLUSS	BAUM
SCHNEE	EBENE	BERG	OZON
HITZE	KLIMA	WIESE	SEE
WÜSTE	GEBIRGE	GIPFEL	MEER

```
Ü  M  P  E  G  R  I  B  E  G  L  O  M  E  Z
F  F  E  A  S  R  U  E  Ö  Ä  W  D  V  B  E
M  N  A  A  O  N  K  X  R  C  V  V  I  Z
T  R  E  I  B  H  A  U  S  E  F  F  E  K  T
S  I  B  H  C  O  D  F  M  G  Q  S  Z  L  I
J  O  E  S  T  M  E  E  R  E  O  Q  X  I  H
I  P  N  B  M  W  P  R  R  N  E  Z  C  M  M
O  G  E  B  K  W  M  V  N  P  M  S  D  A  L
W  H  U  L  L  I  B  E  R  G  B  U  W  W  T
S  S  I  A  S  E  Y  S  R  I  E  L  A  E  U
I  D  O  W  Ü  S  T  E  J  P  O  K  L  B  O
E  I  Ö  I  A  E  S  F  K  F  N  Z  D  R  P
D  E  U  N  S  L  W  U  N  E  E  M  O  V  S
F  F  Ä  E  T  A  D  O  L  L  T  I  S  N  D
E  T  E  F  L  O  E  I  U  F  R  O  Y  O  V
```

Kapitel 10

1 *Weleda und Kali.* **Lesen Sie zuerst den Text! Dann schreiben Sie den Dialog zwischen Kali und Weleda!**

Am Tag seiner Abreise sprechen Weleda und Kali über die Zeit, die sie miteinander in der Midgard verbracht haben. Kali erzählt, was ihm besonders gefallen hat. Weleda sagt ihm, warum sie ihn gern bei sich hatte. Kali sagt, dass er jetzt die anderen Kobolde finden möchte. Weleda findet die Idee gut. Kali fragt, ob er mit den anderen Kobolden in die Midgard zu Besuch kommen darf. Weleda fragt, wie die anderen Kobolde denn reisen wollen. Kali sagt, dass er hofft, dass sie auch im Internet surfen können. Weleda meint aber, dass Rieke es ja auch nicht konnte. Kali sagt, er würde schon einen Weg finden und Weleda meint, dass sie sich immer über einen Besuch von Kali, Rieke und den anderen Kobolden freuen würde. Kali bedankt sich bei ihr und sagt „Auf Wiedersehen".

Weleda: Es war eine schöne Zeit mit dir in der Midgard, Kali! Es hat mir Spaß gemacht, mit dir in der Zeitmaschine zu reisen.

Kali: _____

Weleda: _____

Kali: _____

_____

Weleda: _____

Kali: _____

Weleda: _____

_____

Kali: _____

Weleda: _____

_____

Kali: _____

2 *Stellen Sie sich vor!* Sie arbeiten bei der Obdachlosenzeitung „fiftyfifty". Zuerst malen Sie einen Sticker für die Obdachlosen und dann schreiben Sie einen Bericht für „fiftyfifty" über Probleme in Ihrer Stadt.

Mein Sticker

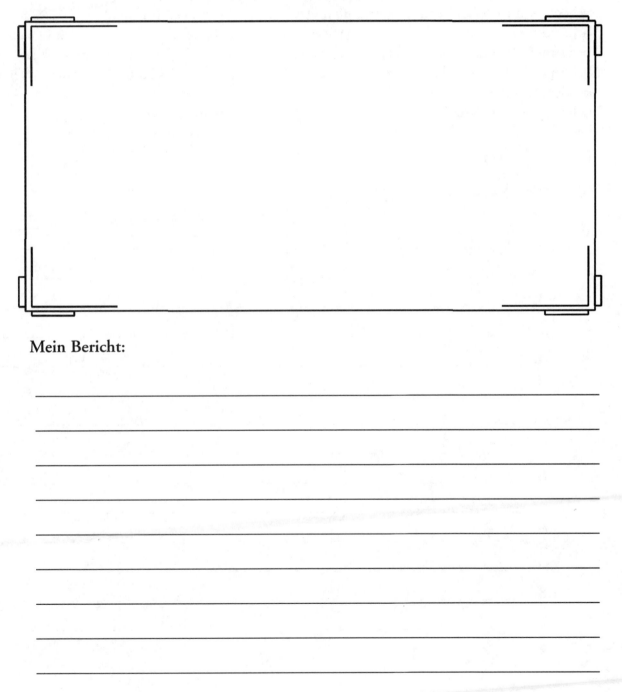

Mein Bericht:

_____

_____

_____

_____

_____

_____

_____

_____

_____

3 *Was passt hier zusammen?* **Kombinieren Sie acht Sätze aus diesen Teilen! Passen Sie auf, dass die neuen Sätze einen Sinn geben!**

Nachdem Jennifer den Schlüssel vergessen hatte,	bekam er in seinen Fächern gute Noten.
Nachdem Hans viele Nachhilfestunden genommen hatte,	waren sie weniger skeptisch.
Nachdem sich die Schüler über den Euro informiert hatten,	lernte er Manfred kennen.
Nachdem zwei der Experten krank geworden waren,	startete er andere Projekte für Obdachlose.
Nachdem Andreas drei Jahre auf der Straße gelebt hatte,	stieg sie durch das Fenster ins Haus.
Nachdem Manfred die Zeitung „fiftyfifty" gegründet hatte,	konnte das Schülerforum nicht mehr stattfinden.
Nachdem Kali Rieke getroffen hatte,	langweilte sie sich.
Nachdem Rieke ein paar Tage in der Bibliothek gewesen war,	war er weniger in der Midgard.

1. _____

   _____

2. _____

   _____

3. _____

   _____

4. _____

   _____

5. _____

   _____

6. _____

   _____

7. _____

   _____

8. _____

   _____

4 *Susannes Tag!* Was tut Susanne zuerst? Schreiben Sie Sätze nach dem Beispiel!

Beispiel: Kaffee trinken - Geschirr spülen
Sie hatte Kaffee getrunken. Dann spülte sie Geschirr.

1. um 7 Uhr aufstehen - das Bett machen

   _____

   _____

2. frühstücken - mit dem Bus zur Schule fahren

   _____

   _____

3. in der Schule ankommen - einen Aufsatz schreiben

   _____

   _____

4. Biologiestunde haben - sich mit Freunden in der Pause treffen

   _____

   _____

5. Hausaufgaben machen - einen Roman lesen

   _____

   _____

6. das Abendessen essen - mit Freunden ins Kino gehen

   _____

   _____

7. zwei Stunden ausgehen - nach Mitternacht nach Hause kommen

   _____

   _____

8. sich die Zähne putzen - ins Bett gehen

   _____

   _____

5 *Welterbestätten.* Was passt hier?

_____ 1. 1972

_____ 2. 1556

_____ 3. 1925/26

_____ 4. 1992

_____ 5. 1996

_____ 6. 1147

_____ 7. 1990

_____ 8. 1995

A. Deutschland hatte 19 Welterbestätten auf der Liste.

B. Die UNESCO beginnt die Welterbeliste.

C. Die Stadtbürger stoppten den Plan, aus der Grube einen Müllberg zu machen.

D. Die Stadt Goslar kam auf die Liste der Kulturdenkmäler.

E. Die Fossiliengrube Messel kam auf die Liste der Naturdenkmäler.

F. Gropius baute das Bauhausgebäude in Dessau.

G. Ein bekanntes Kloster wurde gegründet.

H. Ein Gebäude in Maulbronn wurde eine Internatsschule.

6 *Vom Urpferdchen bis zum Ameisenbär.* Lesen Sie den Artikel und beantworten Sie die Fragen dazu!

Vom Urpferdchen bis zum Ameisenbär

Die Grube Messel war im Eozän Teil eines großen Sees. Über einige hunderttausend Jahre waren der See und seine Umgebung Lebensraum für eine reiche Tier- und Pflanzenwelt. Es herrschte damals tropisches bis subtropisches Klima. Verendete Tiere und Pflanzenreste wurden durch Wind und Wasser in den See transportiert. Dessen Grund war bei geringer Wasserbewegung extrem sauerstoffarm. Das begünstigte die schnelle Versteinerung und den vollständigen Erhalt der Skelette. Die Mägen der Kadaver wurden zwar zersetzt, der Mageninhalt aber meist nicht.

Das ermöglichte den Forschern beispielsweise den Nachweis, daß die Urpferde nicht Gras, sondern Laub und Blütenblätter fraßen. Die Wirbeltierfauna ist inzwischen mit 100 Arten nachgewiesen, darunter 40 Säugetiere.

Messel ist fraglos zum Pompeji der Paläontologen geworden. Neben dem für die Grube typischen Urpferden wurden die Skelette von Halbaffen gefunden, Igel mit Schuppenschwänzen, bis zur vier Meter lange Krokodile, Fische und Schildkröten, Fledermäuse und Vögel, darunter die Vorfahren der Flamingos, Strauße und Nandus. Und natürlich Insekten aller Art.

Einer der aufregendsten Funde: eine geflügelte Riesenameise, so groß wie ein Kolibri. Ihre Flügelspannweite: 16 Zentimeter.

1. Was für eine Landschaft war die Grube Messel im Eozän?

   _____

2. Wie war das Wetter damals?

   _____

3. Wie kamen die Tiere und Pflanzen, die gestorben (verendet) sind, in den See?

   _____

4. Was für Säugetiere haben sie in Messel entdeckt?

_____

5. Welche anderen Tiere haben sie dort gefunden?

_____

7 *Auf spielerische Weise den Umgang mit Computer und Internet erlernen.* **Lesen Sie den Artikel und beantworten Sie die Fragen dazu!**

Auf spielerische Weise den Umgang mit Computer und Internet erlernen

Von unserem Redaktionsmitglied Maja Brauer

(DK) Bereits im zarten Alter ab vier Jahren können Kinder in der neu eröffneten Ingolstädter Profikids-Computerschule lernen, mit einem PC umzugehen. „Computerkenntnisse sind heutzutage eine Schlüsselqualifikation. Man kann gar nicht früh genug damit anfangen, sie zu erlernen", erklärte vor kurzem Profikids-Schulleiter Johann Kaufmann bei der Geschäftseröffnung in Ingolstadt.

In Kindergärten und Grundschulen sei meistens keine Möglichkeit gegeben, Erfahrungen mit Computerprogrammen zu sammeln, und in den weiterführenden Schulen treffe man aufgrund der rasanten technischen Entwicklung häufig veraltete Hard-und Software an. Hier versuche Profikids als Computerschule für Kinder und Jugendliche eine Lücke zu schließen.

Von Denk-, Mal- und Schreibspielen für die ganz Kleinen über Textverarbeitung und Schulungen über die Nutzung des Internet bis hin zu ersten Gehversuchen beim Programmieren reicht Kaufmann zufolge die Palette der Lerninhalte. Dargeboten werden sie in kleinen Gruppen von bis zu acht Kindern oder Jugendlichen. Dabei soll auch der Unterrricht in der Schule unterstützt werden, indem spielerisch Lerninhalte vermittelt werden.

Profikids ist ein Franchise-System. Die erste Computerschule unter diesem Namen öffnete im Herbst 1994 in Reutlingen ihre Pforten; mittlerweile gibt es deutschlandweit über 20 Profikids-Computerschulen.

1. Ab wann kann man in die Profikids-Computerschule gehen?

_____

2. Warum sollen schon Kinder mit Computern umgehen können?

_____

3. Wie heißt der Leiter dieser Schule?

_____

4. Warum gibt es in manchen Schulen veraltete Computer und Programme?

_____

5. Was lernen die Kinder in dieser Schule über Computer?

_____

6. Wie groß sind die Klassen in dieser Schule?

_____

7. Wann wurde die erste Profikids-Computerschule eröffnet?

_____

8. Wie viele Profikids-Computerschulen gibt es heute in Deutschland?

_____

8 *Wozu benutzt die Familie Hinterhofer ihren Computer?* Welche Teile aus der Graphik benutzen die Familienmitglieder?

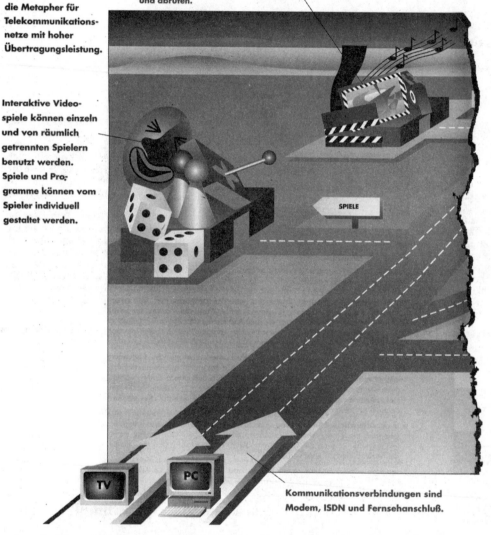

Datenautobahn ist die Metapher für Telekommunikations-netze mit hoher Übertragungsleistung.

Bild- und Tondatenbanken. Der Benutzer kann Videofilme, Musikstücke, Tondokumente und Bilddateien auswählen und abrufen.

Interaktive Video-spiele können einzeln und von räumlich getrennten Spielern benutzt werden. Spiele und Pro-gramme können vom Spieler individuell gestaltet werden.

SPIELE

TV

PC

Kommunikationsverbindungen sind Modem, ISDN und Fernsehanschluß.

1. Sabine muss einen Aufsatz über den österreichischen Komponisten Mozart schreiben.

    _____

    _____

2. Hans möchte etwas spielen und sich entspannen.

    _____

3. Frau Hinterhofer schreibt an ihre Freundin Sieglinde.

    _____

4. Herr Hinterhofer will Karten für eine Reise nach Berlin bestellen.

_____

5. Opa Hinterhofer sucht Informationen über die alten Römer.

_____

Weltumspannende Universitätsbibliothek für Recherchen und Beratung, Austausch von Daten und Teleinformationen.

Virtuelles Forum für Kommunikation. Als Benutzerschnittstellen dienen E-mail, Audio- und Videomail, Informationsdienste und Bulletin boards.

Virtueller Supermarkt mit audio-visuellem Katalog. Anwendungen sind teleshopping, Buchen von Reisen, home service, Bestellung, Kaufinformation usw.

6. Frau Hinterhofer will für Opa Hinterhofer ein Buch über die Römer bestellen.

_____

7. Ulrike sucht Bilder von den UNESCO Welterbestätten in Deutschland.

_____

_____

8. Am Abend sucht die Familie zusammen einen Film aus, den sie ansehen wollen.

_____

9 *Quellen aus dem Internet!* Was gehört zusammen?

Die Zukunft liegt in der Vergangenheit

Horst Winkelmann, Präsident des UNESCO-Welterbekomitees, regt Masterplan für Potsdam an. Heute beginnt im mexikanischen Merida rund 1000 km von Mexiko-City entfernt die Tagung.

http://www.berliner-morgenpost.de/bm/bm_archiv/961202/potsdam/story01.html

C

Michel - Homepage

Durch jahrzehntelange Erfahrung und ständige Überarbeitung sind MICHEL-Kataloge im Aufbau, in der Übersicht, in der Genauigkeit und in der Ausführlichkeit unübertroffen. MICHEL-Kataloge sind philatelistische Lexika, sie geben Auskunft über alle wichtigen Daten von Briefmarken und Ganzsachen, sie vermitteln Sicherheit und präzises Wissen.

http://www.briefmarken.de/michel2.htm

F

Projekt-Zeitungen

die bereits im WWW vertreten sind: Berliner Zeitung, Delmenhorster Kreisblatt, Frankenpost, Frankfurter Allgemeine Zeitung, Frankfurter Neue Presse, Frankfurter Rundschau, Freie ...

http://www.zis.de/zeitungen/Zeitungen.html

B

Jugendmedienzentrum – Das Servicecenter für Schülerzeitungen, junge Medien

Das deutsche Jugendmedienzentrum ist die Servicestelle für Jugendmedien (insbesondere Schülerzeitungen) und Nachwuchsjournalisten. Hier gibt es Veranstaltungen, Publikationen, Infos ...

http://www.jugendmedienzentrum.de/jmz/main.htm

H

Finanzen: Europäische Währungsunion – Information Öffentlicher Insti...

Unternehmen - Informationsseiten Politik & Umwelt: Europa öffentliche Institutionen Europäisches Parlament: Ratgeber Euro Europäische Kommission: Informationsseiten zum Euro Bundesregierung/Bundespresseamt: "Europa ist Zukunft" Bundesfinanzministerium (Dokumentationen): Standortbestimmung vor der Einführung des Euro CDU: "Der Euro."

http://www.t-online.de/finanzen/inhalte/eurfii03.htm

E

Film und Fernsehen aktuell – Informationsserver. Filmservice Filmkritiken

Fernsehen Informationsserver in Deutschland Bibliotheken Informationen im Medienbereich Film/Fernsehen/Bibliothken/Internet Mail an Betreuer

http://www.medio.syskotec.de/kunst/tv.htm

A

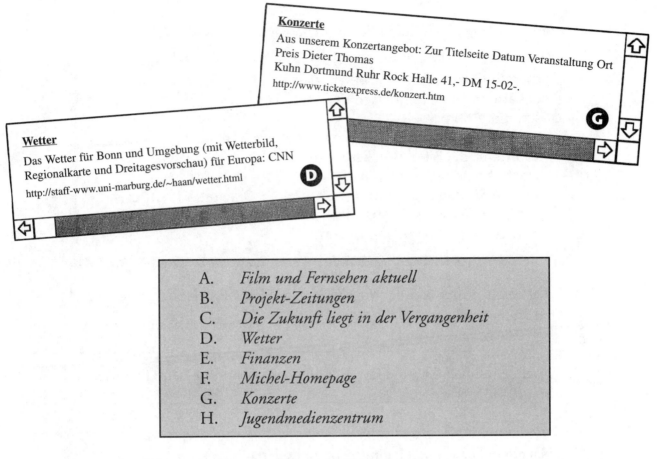

Konzerte

Aus unserem Konzertangebot: Zur Titelseite Datum Veranstaltung Ort
Preis Dieter Thomas
Kuhn Dortmund Ruhr Rock Halle 41,- DM 15-02-.
http://www.ticketexpress.de/konzert.htm

Wetter

Das Wetter für Bonn und Umgebung (mit Wetterbild,
Regionalkarte und Dreitagesvorschau) für Europa: CNN
http://staff-www.uni-marburg.de/~haan/wetter.html

A. *Film und Fernsehen aktuell*
B. *Projekt-Zeitungen*
C. *Die Zukunft liegt in der Vergangenheit*
D. *Wetter*
E. *Finanzen*
F. *Michel-Homepage*
G. *Konzerte*
H. *Jugendmedienzentrum*

1. Sie wollen sich über Frankfurter Zeitungen informieren.

    _____

2. Sie wollen wissen, wie das Wetter in Berlin wird.

    _____

3. Sie interessieren sich für Briefmarken.

    _____

4. Sie suchen mehr Information zu den Welterbestätten in Deutschland.

    _____

5. Sie möchten Filmkritiken lesen.

    _____

6. Sie möchten wissen, welche Konzerte es diesen Sommer in Dortmund geben wird.

    _____

7. Sie möchten gern deutsche Schülerzeitungen lesen.

    _____

8. Sie suchen mehr Informationen zum Euro.

    _____

10 *Das ist schon lange her!* **Bilden Sie logische Sätze mit diesen Teilen!**

> musste Goethe ihn sehr bewundern
> bekam er sein eigenes Schloss
> schrieb er ihm
> konnte er die Chemotherapie weiterentwickeln
> konnte er die Bibel drucken
> wollte Kepler es beweisen
> konnte Sir Isaac Newton das Gesetz der Gravitation entdecken
> konnte Galileo die Sonnenflecken entdecken
> mussten sie neue Schiffe bauen

1. Nachdem Walter von der Vogelweide viel Zeit auf den Kreuzzügen hatte verbringen müssen, _____

_____.

2. Nachdem Gutenberg die Entwicklung der Buchpresse hatte finanzieren können, _____

_____.

3. Nachdem Paracelsus Heilmittel hatte isolieren können, _____

_____.

4. Nachdem Kepler das Fernrohr hatte entwickeln können,_____

_____.

5. Weil Kepler die Bewegung der Planeten hatte beweisen können,_____

_____.

6. Nachdem Erwin de Steinbach den Dom in Straßburg hatte bauen dürfen,

_____.

7. Nachdem die Handelsleute in viele Länder hatten fahren wollen, _____

_____.

8. Weil Tycho Brahe Kepler nach Prag hatte einladen wollen, _____

_____.

9. Nachdem Kopernikus das heliozentrische System hatte entwickeln können,

_____.

11 *Einen Bericht mit dem Internet schreiben!* Schreiben Sie die Sätze und benutzen Sie das Plusquamperfekt (*past perfect*) und das Imperfekt (*narrative past*)! Lesen Sie die Stichwörter *(cues)* ganz durch, damit Sie die richtige Zeitform von *haben* in jedem Satzteil gebrauchen!

Beispiel: Bevor / wir / etwas schreiben / können / , / müssen / wir / das Buch / zu Hause / lesen

Bevor wir etwas schreiben konnten, hatten wir das Buch zu Hause lesen müssen.

1. Bevor / wir / die Hausaufgaben von der Lehrerin / bekommen / , / wir / das Thema / in der Klasse / viel diskutieren / müssen

   _____

   _____

2. Nachdem / wir / in unseren Gruppen / das Thema diskutieren / können / , / sollen / wir / mit der Arbeit / anfangen

   _____

   _____

3. Bevor / wir / ins Internet / kommen / können / , / müssen / wir / die WWW - Anschrift / wissen

   _____

   _____

4. Nachdem / wir / die Verbindung zum Server / herstellen / können / , / wir / den Browser / benutzen / müssen / , / um die Information zu finden.

   _____

   _____

5. Nachdem / wir / unser Thema / eingeben / können / , / wir / 25 Ergebnisse / finden

   _____

   _____

6. Nachdem / wir / uns entscheiden / sollen / , / welche Links / wir / benutzen / wollen / , / war es einfach

   _____

   _____

7. Nachdem / wir / die Informationen / lesen / können / , / wir / alles / ausdrucken

_____

_____

8. Nachdem / wir / alle Seiten / besuchen / können / , / wir / unsere Arbeit / schreiben

_____

_____

9. Weil / wir / zwei Wochen früher / mit diesem Projekt / anfangen / sollen / , / dürfen / wir / der Lehrerin / nichts zu spät / geben

_____

_____

12 *Die Jahrhundertwende.* Was denken Sie über die Jahrhundertwende ins 21. Jahrhundert? Wie reagieren die Leute? Welche positiven und negativen Entwicklungen wird es geben? Welche wichtigen Einflüsse wird es auf das Leben der Menschen geben? Schreiben Sie mindestens zehn Sätze!

_____

_____

_____

_____

_____

_____

_____

_____

_____

_____

_____

_____

13 *Ergänzen Sie die Dialoge mit Fragen!* Benutzen Sie Fragewörter (wann, wie, wo, was, wer, usw.)!

Beispiel: Wissen Sie, _____?
Wissen Sie, wann der Film beginnt?
Nein, das weiß ich leider nicht.

1. Wissen Sie,_____?
   Ja, der Zug fährt um 7 Uhr ab.

2. Hat Hannes dir gesagt, _____?
   Nein, das hat er mir nicht gesagt.

3. Weißt du,_____?
   Ja, Aysel will immer im Mittelpunkt stehen.

4. Wir sollen fragen, _____.
   Ich glaube, die Vorstellung dauert drei Stunden.

5. Wer weiß, _____?
   Das weiß niemand das.

6. Haben deine Eltern gesagt, _____
   _____?
   Nein, sie wollen nicht, dass ich dieses Jahr den Führerschein mache.

7. Hast du gehört,_____?
   Nein, die Lehrerin hat nichts darüber gesagt.

8. Meine Oma will erfahren, _____.
   Ich dachte, dein Vater wollte sie besuchen.

14 *Weleda und Frau Muschel unterhalten sich.* Schreiben Sie die Sätze zu Ende und setzen Sie auch ein Fragewort ein!

Beispiel: Weleda: Wissen Sie, liebe Frau Muschel, _____ (der Kali / wollen / abreisen)
Wissen Sie, liebe Frau Muschel, warum der Kali abreisen will?

Frau Muschel: Nein, leider weiß ich das nicht. Aber ich denke, es hat mit seiner

Schwester Rieke zu tun.

Weleda: Ich weiß nicht, (er / sie / haben / finden / wollen) _____

_____! Sie scheint mir nicht sehr nett zu sein.

Frau Muschel: Wissen Sie, (sie / sich / nicht / haben / sehen) _____

_____ .

Weleda: Nein, aber es muss eine lange Zeit gewesen sein. Sonst hätte er sie nicht

so sehr gesucht. Aber ich frage mich, (es / ihm / so wichtig / sein)

_____ .

Frau Muschel: Das kann keiner so genau wissen. Aber würden Sie nicht Ihre Leute

suchen, wenn Sie nicht wissen würden, (sie / sein) _____

_____ ?

Weleda: Ja, wahrscheinlich. Aber wer weiß, (sie / aussehen) _____

_____ ,

oder ob sie mich kennen würden oder sehen wollten.

Frau Muschel: Natürlich würden sie Sie sehen wollten! Genauso wie Kali und Rieke

sich sehen wollen. Aber haben Sie gesehen, (unfreundlich / die Rieke

/ manchmal zu Kali / sein) _____

_____ ?

Weleda: Ja, das habe ich gesehen, aber ich kann's nicht ändern. Er muss ja

wissen, (er / wollen / machen) _____

_____ .

15 *Ferienjob!* Markus hatte diesen Sommer einen schlechten Ferienjob. Er schreibt seiner Freundin Elke über seine Zeit in der Firma Kunkel. Schreiben Sie Markus' Brief zu Ende!

Hier sind ein paar Wörter und Ausdrücke, die Ihnen beim Schreiben helfen werden: verstehen, verlässlich sein, pünktlich, sich vertrauen, schreien, sich verantwortlich fühlen.

Liebe Elke,
ich bin so froh, dass die Schule wieder anfängt. Ich hatte diesen furchtbaren Ferienjob bei der Firma Kunkel. Du willst sicher wissen, was daran so furchtbar war. Also,...

_____

_____

_____

_____

_____

_____

_____

_____

_____

16 *Verwandte Wörter.* Welche Wörter kennen Sie, die mit diesen Wörtern verwandt sind?

Beispiel: Freundschaft:
freundlich, Freund

1. die Verantwortung: _____

2. die Verlässlichkeit: _____

3. der Fleiß: _____

4. die Sorge: _____

5. die Diskussion: _____

6. das Engagement: _____

7. das Verständnis: _____

8. die Kenntnis: _____

17 *Was würden Sie wahrscheinlich in dieser Situation nicht sagen?* Eine Antwort stimmt nicht. Machen Sie ein „X" davor!

1. Sie sprechen mit Ihrem Boss:
   A. Willst du nächste Woche tanzen gehen?
   B. Können Sie mir bitte mehr Information zu diesem Thema geben?
   C. Wann ist der Termin für das nächste Treffen?

2. Sie sprechen mit Ihrem neuen Kollegen:
   A. Wann muss das Projekt fertig sein?
   B. Können Sie mir mit diesem Problem helfen?
   C. Habe ich dir schon von meinem neuen Auto erzählt?

3. Sie sprechen mit Ihrem Freund:
   A. Kannst du dich noch daran erinnern, wie wir 1987 nach Berlin gefahren sind?
   B. Was Sie nicht sagen! Das habe ich nicht gewusst.
   C. Niemand weiß so viel über mich wie du!

4. Sie sprechen mit einem Bekannten:
   A. Was hast du dieses Wochenende gemacht?
   B. Kann ich dir ein Geheimnis erzählen?
   C. Vielleicht könnten wir am Donnerstag zusammen ins Kino gehen.

18 *Rotkäppchen auf dem Weg zur Großmutter!* Bilden Sie zuerst das Partizip und benutzen Sie dann die richtige Adjektivendung! Die erste Antwort steht für Sie da.

Am Abend wusch Rotkäppchen seine Mütze. Dann hängte sie die _gewaschene_ (waschen) Mütze zum Trocknen auf. Danach füllte sie den Wein in die Flasche. Die _____ (füllen) Weinflasche stellte sie in den Korb. Zum Schluss backte sie einen Kuchen für die Großmutter. Sie deckte den fertig _____ (backen) Kuchen mit einer Serviette zu. Dann waren alle Sachen in den Korb gepackt. Rotkäppchen stellte den _____ (packen) Korb auf den Küchentisch. Am Morgen pflückte Rotkäppchen schnell Blumen im Garten. Sie legte die _____ (pflücken) Blumen auf den Korb. Dann zog sie ihre Schuhe an. In den _____ (anziehen) Schuhen wollte sie sich auf den Weg machen. Zuerst aber zeichnete die Mutter eine Karte für Rotkäppchen. Rotkäppchen benutzte die _____ (zeichnen) Karte, um zur Großmutter zu kommen. Bald war das Mädchen bei der Großmutter und zeigte, was sie alles mitgebracht hatte. Die beiden aßen die _____ (mitbringen) Sachen und hatten einen gemütlichen Nachmittag ohne den Wolf.

19 *Stellen Sie sich vor!* Sie wollen ins Ausland fahren und an einem Studienprogramm teilnehmen. Schreiben Sie Ihre Bewerbung, warum Sie diese Erfahrung machen wollen! Sie müssen die folgenden Fragen beantworten:

1. warum Sie ins Ausland wollen

2. was für eine Gastfamilie Sie haben möchten

3. wie Sie von diesem Programm profitieren werden

4. wie diese Erfahrung Ihr Leben verändern wird

_____

_____

_____

_____

_____

_____

_____

_____

_____

_____

_____

_____

_____

20 *Des Rätsels Lösung!* Suchen Sie zuerst das fehlende Wort in jedem Satz! Die Nummer nach jedem Wort sagt, welchen Buchstaben Sie für die Lösung nehmen sollen. Wenn Sie diese Buchstaben gesammelt haben, bringen Sie sie in die richtige Reihenfolge, um ein Wort aus dem Kapitel zusammenzustellen. Schreiben Sie alle Wörter mit großen Buchstaben! *Ein Tip:* Die Antwort ist etwas, was viele Leute in diesem Buch als Eigenschaft haben.

1. Wenn man auf Safari oder in den Dschungel geht, hat man ein _____ (3).

2. Im Harz und in Nordrhein-Westfalen arbeiten die Leute unter der Erde, um Kohle und Mineralien zu finden. Sie arbeiten im _____ (3).

3. Die Klasse macht einen _____ (4) und fährt ins Schifffahrtmuseum.

4. Der Hope-Diamant ist _____ (10); es gibt nur einen auf der Welt.

5. Leute, die viele politische oder soziale Aktionen machen, _____ (10) sich.

6. Was gute Freunde verbindet ist die _____ (6).

7. Menschen, Hunde und Katzen sind keine Fische, sondern _____ (3).

8. Die Endprodukte vom Denken sind _____ (5).

9. Die Studenten, die ins Ausland fahren, wohnen bei _____ (1).

10. Jemand, der auf Kosten anderer Leute lebt, ist ein _____ (1).

11. Man findet viele Fossilien in der _____ (1).

12. Laura Pühringer schreibt jeden Tag in ihr _____ (4).

13. Dieses Tier hat man in Messel in der Grube gefunden. Heutzutage aber lebt der _____ meistens in Südamerika. (4)

14. Wenn man nicht mehr fernsehen will, soll man den Fernseher _____ (3).

15. Am Ende jedes Jahres hat man viele gute _____ (6) für das neue Jahr.

Lösung: ___ ___ ___ ___ ___ ___ ___ ___ ___ ___ ___ ___ ___ ___ ___

Name _____ Datum _____

_____
_____
_____
_____
_____
_____
_____
_____
_____
_____
_____
_____
_____
_____
_____
_____
_____
_____
_____
_____
_____
_____
_____
_____
_____

Name _____ Datum _____

_____

_____

_____

_____

_____

_____

_____

_____

_____

_____

_____

_____

_____

_____

_____

_____

_____

_____

_____

_____

_____

_____

Name _____ Datum _____

_____

_____

_____

_____

_____

_____

_____

_____

_____

_____

_____

_____

_____

_____

_____

_____

_____

_____

_____

_____

_____

_____

Name _____ Datum _____

_____

_____

_____

_____

_____

_____

_____

_____

_____

_____

_____

_____

_____

_____

_____

_____

_____

_____

_____

_____

_____

_____

Name _____ Datum _____

_____

_____

_____

_____

_____

_____

_____

_____

_____

_____

_____

_____

_____

_____

_____

_____

_____

_____

_____

_____

_____

_____

_____

_____

Name _____ Datum _____

_____

_____

_____

_____

_____

_____

_____

_____

_____

_____

_____

_____

_____

_____

_____

_____

_____

_____

_____

_____

_____

_____

_____

_____

Name _____ Datum _____

_____

_____

_____

_____

_____

_____

_____

_____

_____

_____

_____

_____

_____

_____

_____

_____

_____

_____

_____

_____

_____

_____

_____

Name _____ Datum _____

_____

_____

_____

_____

_____

_____

_____

_____

_____

_____

_____

_____

_____

_____

_____

_____

_____

_____

_____

_____

_____

_____

_____

_____

Name _____ Datum _____

_____

_____

_____

_____

_____

_____

_____

_____

_____

_____

_____

_____

_____

_____

_____

_____

_____

_____

_____

_____

_____

_____

_____

Name _____ Datum _____

_____

_____

_____

_____

_____

_____

_____

_____

_____

_____

_____

_____

_____

_____

_____

_____

_____

_____

_____

_____

_____

_____

_____

Name _____ Datum _____

_____

_____

_____

_____

_____

_____

_____

_____

_____

_____

_____

_____

_____

_____

_____

_____

_____

_____

_____

_____

_____

_____

_____

_____

_____

Name _____ Datum _____

_____

_____

_____

_____

_____

_____

_____

_____

_____

_____

_____

_____

_____

_____

_____

_____

_____

_____

_____

_____

_____

_____

_____

_____

_____

_____

Name _____ Datum _____

_____

_____

_____

_____

_____

_____

_____

_____

_____

_____

_____

_____

_____

_____

_____

_____

_____

_____

_____

_____

_____

_____

_____

_____

Name _____ Datum _____

_____

_____

_____

_____

_____

_____

_____

_____

_____

_____

_____

_____

_____

_____

_____

_____

_____

_____

_____

_____

_____

_____